Michael Handwerk

Eine neue Finanztransaktionssteuer in der Europäischen Union?

Beurteilung aus
betriebswirtschaftlicher Perspektive

Handwerk, Michael: Eine neue Finanztransaktionssteuer in der Europäischen Union? Beurteilung aus betriebswirtschaftlicher Perspektive. Hamburg, Bachelor + Master Publishing 2014

Originaltitel der Abschlussarbeit: Eine neue Finanztransaktionssteuer in der Europäischen Union? Beurteilung aus betriebswirtschaftlicher Perspektive

Buch-ISBN: 978-3-95820-039-5
PDF-eBook-ISBN: 978-3-95820-539-0
Druck/Herstellung: Bachelor + Master Publishing, Hamburg, 2014
Coverbild: pixabay.com
Zugl. Justus-Liebig-Universität Gießen, Gießen, Deutschland, Masterarbeit, September 2012

Bibliografische Information der Deutschen Nationalbibliothek:
Die Deutsche Nationalbibliothek verzeichnet diese Publikation in der Deutschen Nationalbibliografie; detaillierte bibliografische Daten sind im Internet über http://dnb.d-nb.de abrufbar.

© Bachelor + Master Publishing, Imprint der Diplomica Verlag GmbH
Hermannstal 119k, 22119 Hamburg
http://www.diplomica-verlag.de, Hamburg 2014
Printed in Germany

INHALTSVERZEICHNIS

ABKÜRZUNGSVERZEICHNIS

Abs.	Absatz
Art.	Artikel
Bio.	Billion
BIP	Bruttoinlandsprodukt
BIZ	Bank für Internationalen Zahlungsausgleich
bzw.	beziehungsweise
CDO	Collateral-Debt Obligation
DIW	Deutsches Institut für Wirtschaftsforschung
EU	Europäische Union
EZB	Europäische Zentralbank
FTS	Finanztransaktionssteuer
lit.	littera (lateinisch für Buchstabe)
Mrd.	Milliarde/n
MwStSystRl	Mehrwertsteuersystemrichtlinie
Nr.	Nummer
OECD	Organisation für wirtschaftliche Zusammenarbeit und Entwicklung
OTC	Over-The-Counter(-Handel) (außerbörslicher Handel)
RePo	englische Abkürzung für Rückkaufvereinbarung
S.	Seite
sog.	sogenannte/n
SPD	Sozialdemokratische Partei Deutschlands
u. a.	unter anderem
v.	vom
vgl.	vergleiche
z. B.	zum Beispiel

Abbildungsverzeichnis

1. EINLEITUNG

1.1 PROBLEMSTELLUNG

Die weltweite Finanz- und Wirtschaftskrise der Jahre 2007 – 2009 erforderte von vielen europäischen Staaten enorme finanzielle Anstrengungen, um die Folgen der Krise abzumildern. Die staatlichen Mittel wurden dabei fast ausschließlich schuldenfinanziert und insbesondere zur Rettung des Bankensystems verwendet, das sich zu dieser Zeit in einem für die gesamte Wirtschaft bedrohlichen Zustand befand. Die Aufnahme zusätzlicher Schulden zur Finanzierung der Rettungs- und Konjunkturprogramme resultierte in stark ansteigenden staatlichen Schuldenständen, die schließlich Rekordniveau erreichten. Diese Situation markiert zugleich den Beginn der europäischen Staatsschuldenkrise, die bis zum heutigen Tage anhält. Seitdem gibt es in der Europäischen Union Bestrebungen, den Finanzsektor, der als Auslöser der Krise angesehen wird, an den Kosten der Krise zu beteiligen. Als *ein* Instrument zur Beteiligung des Sektors wurde bereits ab dem Jahre 2010 in der Europäischen Union die Einführung einer Steuer auf Finanztransaktionen vorgeschlagen.[1]

Seit dem 28. September 2011 liegt nunmehr ein Richtlinienvorschlag der Europäischen Kommission zur Einführung eines gemeinsamen Finanztransaktionssteuersystems in der Europäischen Union vor.[2] Der Vorschlag wurde und wird in Fachkreisen, Politik und Öffentlichkeit kontrovers diskutiert. Mit *Keynes, Tobin* und *Stiglitz*, die zu ihrer Zeit eine Finanztransaktionssteuer (abgekürzt „FTS") forderten, hat sie bereits prominente Fürsprecher gefunden.[3] Die Befürworter erwarten, dass die Finanztransaktionssteuer die Effizienz und Stabilität der Finanzmärkte erhöhen kann, den Finanzsektor substanziell an den Krisenkosten beteiligen würde und ein hohes Steueraufkommen generiert. Die Gegner warnen dagegen vor den negativen Folgen für die Wirtschaft, den unvorhersehbaren Auswirkungen auf den Finanzmarkt und wesentlichen Verlagerungen von Finanztransaktionen in das außereuropäische Ausland.

---

[1] Zum Beispiel die Mitteilung der EUROPÄISCHEN KOMMISSION vom 07.10.2010 über die Besteuerung des Finanzsektors in der Europäischen Union (KOM 2010, 549).
[2] EUROPÄISCHE KOMMISSION, KOM(2011) 549.
[3] Die drei genannten Ökonomen forderten die Einführung einer FTS aus unterschiedlichen Gründen, siehe hierzu KEYNES 1936, TOBIN 1978, STIGLITZ 1989.

Die Zielsetzung dieser Master-Thesis besteht erstens darin, die wesentlichen Gründe für die Einführung einer FTS einer kritischen Beurteilung zu unterziehen, die in der Diskussion am häufigsten genannt werden. Zweitens sollen die wirtschaftlichen Auswirkungen analysiert werden, die von der FTS zu erwarten sind. Dabei stehen die betriebswirtschaftlichen Folgen im Fokus, da dieser Bereich bisher nur wenig untersucht wurde. Dazu sollen die Effekte, die die FTS auf die Finanzbranche, die Realwirtschaft und die Privathaushalte haben könnte, analysiert werden. Folgende Fragen sind dabei von besonderem Interesse: Inwiefern verändert sich das Verhalten der Marktteilnehmer? Wer ist direkt oder indirekt von der FTS betroffen? Kann die Steuer auf die Kunden der Finanzbranche überwälzt werden? Sind von ihr Verteilungseffekte zu erwarten? Gibt es Möglichkeiten, die FTS zu umgehen? Die Beantwortung dieser Fragen soll die Auswirkungen der Steuer auf die Wirtschaft und Privathaushalte aufzeigen und damit eine differenzierte und umfassende Beurteilung der FTS ermöglichen.

1.2 GANG DER UNTERSUCHUNG

Inhaltlich besteht die vorliegende Arbeit aus drei Teilen. Sie setzt sich aus dem Kapitel „Der EU-Richtlinienvorschlag zur Einführung einer Finanztransaktionssteuer" (2.), der „Beurteilung der Gründe zur Einführung einer Finanztransaktionssteuer" (3.) und dem Thema „Betriebswirtschaftliche Folgen der Implementierung einer Finanztransaktionssteuer" (4.) zusammen.

Zunächst wird im zweiten Kapitel der Richtlinienvorschlag der EU-Kommission vorgestellt. Zu Beginn wird dort die Zielsetzung der EU zur Einführung einer FTS erläutert, um dann im Anschluss die konkrete Ausgestaltung des Richtlinienentwurfes darzustellen. Die EU hat eine Reihe von Untersuchungen zur Evaluation der Auswirkungen ihres FTS-Vorschlages unternommen, insbesondere zur Schätzung des erzielbaren Steuerbetrags und der makroökonomischen Auswirkungen. Die Ergebnisse dieser Untersuchungen werden dargestellt und mit anderen fachlichen Studien zu diesem Thema verglichen. Der letzte Abschnitt des zweiten Kapitels gibt einen Ausblick in die Zukunft, indem die Wahrscheinlichkeit der Realisierung einer FTS in der EU abgeschätzt wird.

In Kapitel 3 werden die wesentlichen Gründe dargestellt, die nach Einschätzung von Fachkreisen und der Politik für die Einführung einer FTS sprechen. Im Anschluss an die Darstellung werden die Gründe kritisch auf ihre Standfestigkeit beurteilt. Durch die Recherche im Vorfeld dieser Arbeit haben sich folgende, wesentliche Gründe herauskristallisiert: Die Beteiligung des Finanzsektors an den Kosten der Krise, da dieser sowohl zur Finanz- und Wirtschaftskrise als auch zur Europäischen Staatsschuldenkrise entscheidend beigetragen hat und gegenwärtig beiträgt. Des Weiteren wird die Zurückdrängung „schädlicher" Transaktionen als Beitrag zur Stabilität im Finanzsystem häufig als Rechtfertigung für die Einführung einer FTS genannt. Einige Studien weisen darauf hin, dass der Finanzsektor aufgrund seiner besonderen Stellung im Wirtschaftssystem in der Lage sei, ökonomische Renten zu erwirtschaften, die keiner zusätzlichen Besteuerung unterlägen. Daneben stelle die Umsatzsteuerbefreiung für Finanzdienstleistungen ebenfalls eine steuerliche Bevorteilung des Finanzsektors dar, da die Finanzinstitute keine zusätzliche Umsatzsteuer in Rechnung stellen und abführen müssten, so die Befürworter der FTS. Die Einführung einer FTS soll diesen Steuervorteilen entgegenwirken und zu einer gerechteren Besteuerung führen. Die Argumente werden in den jeweiligen Abschnitten des Kapitels einer kritischen Beurteilung unterzogen und in einem Fazit zusammengefasst.

Das vierte Kapitel widmet sich den betriebswirtschaftlichen Aspekten und Folgen der Implementierung einer FTS in der EU. Zu Beginn wird der Einfluss auf das Verhalten der Marktteilnehmer untersucht. Dazu wird eine Einschätzung vorgenommen, ob sich das Verhalten dahingehend ändert, dass sich spekulative und hochriskante Transaktionen vermindern. Außerdem werden die Auswirkungen der Steuer auf die Realwirtschaft untersucht. Der darauf folgende Abschnitt behandelt die Steuerinzidenz und die Verteilungseffekte, die von der FTS ausgehen könnten. Dabei ist von besonderem Interesse, ob die Steuer auf andere Marktteilnehmer überwälzt werden kann und welche Effekte sich auf die unterschiedlichen Einkommensgruppen ergeben. Im Anschluss werden die Möglichkeiten der legalen und illegalen Steuervermeidung untersucht, die die aktuelle Ausgestaltung der FTS zulassen könnte. Dazu werden die territorialen Verlagerungsmöglichkeiten und die Ausweichreaktionen auf Produktebene analysiert. Zuletzt wird ein Fazit gezogen.

Am Schluss dieser Master-Thesis werden die Kernaussagen des Hauptteils in einer thesenförmigen Zusammenfassung (5.) stichpunktartig resümiert.

2. DER EU-RICHTLINIENVORSCHLAG ZUR FINANZTRANSAKTIONSSTEUER

2.1 GRÜNDE UND ZIELSETZUNG DER EU – FINANZTRANSAKTIONSSTEUER

Vor dem Hintergrund der eingangs erläuterten Lage der europäischen Volkswirtschaften und öffentlichen Finanzen besteht die Zielsetzung in erster Linie in der substanziellen Beteiligung des Finanzsektors an den Kosten der Krisenbewältigung.[4] In Europa herrscht eine hohe Übereinstimmung darüber, dass dieser Sektor bei der Verursachung und Verschärfung der Krise eine wichtige Rolle gespielt hat.

Die meisten Dienstleistungen des Finanzsektors sind von der Umsatzsteuer befreit. Durch die Einführung einer Steuer auf Finanztransaktionen könnte nach Auffassung der EU-Kommission sichergestellt werden, dass in steuerlicher Hinsicht die gleichen Wettbewerbsbedingungen bestehen wie für alle anderen (umsatzsteuerpflichtigen) Wirtschaftszweige.

Der Richtlinienvorschlag zielt darauf ab, durch die Besteuerung von Finanztransaktionen unerwünschte Transaktionstätigkeiten einzudämmen, um die Effizienz und Stabilität der Finanzmärkte zu erhöhen. Zu diesen unerwünschten Transaktionen zählt die EU-Kommission u. a. den automatisierten Hochfrequenzhandel und kurzfristige, hochriskante Spekulationsgeschäfte.[5] Die FTS soll das europäische Rahmenwerk zur Regulierung der Banken ergänzen und damit zur Vermeidung künftiger Krisen beitragen.

Mittlerweile haben mehrere Mitgliedstaaten eigene Maßnahmen zur Besteuerung von Finanztransaktionen ergriffen, z. B. Großbritannien, Frankreich und Belgien.[6] Diese einzelstaatlichen Steuermaßnahmen führen zu ungleichen steuerlichen Wettbewerbsbedingungen im europäischen Binnenmarkt. Mit einer einheitlichen

---

[4] Vgl. hierzu und im Folgenden EUROPÄISCHE KOMMISSION , KOM(2011) 594, S. 2-4.
[5] Vgl. EUROPÄISCHE KOMMISSION, SEC(2011) 1103, S. 2-4.
[6] Vgl. EUROPÄISCHE KOMMISSION (2012), Technical Fiche - Tax Contribution of the Financial Sector, S. 12-15.

EU-weiten FTS verfolgt die EU-Kommission das Ziel, die Besteuerung von Finanztransaktionen in der EU zu harmonisieren und in dieser Hinsicht Wettbewerbsverzerrungen im Binnenmarkt zu vermeiden. Langfristig zielt der Vorschlag darauf ab, dass eine FTS auf internationaler bzw. globaler Ebene implementiert wird. Die Etablierung einer FTS auf EU-Ebene soll den Weg dahin ebnen.

Von der vorgeschlagenen FTS werden erhebliche Steuereinnahmen erwartet. Das generierte Steueraufkommen könnte nach Ansicht der EU-Kommission als Eigenmittel für den EU-Haushalt in Frage kommen und schrittweise an die Stelle der Beiträge der Mitgliedstaaten treten.[7] Folglich würden die nationalen Haushalte entlastet. Zu diesem Zweck hat die EU-Kommission neben dem Vorschlag zur Einführung einer FTS einen gesonderten Eigenmittelvorschlag[8] unterbreitet, indem dargelegt wird, wie die FTS als Einnahmequelle für den EU-Haushalt genutzt werden könnte.

2.2 AUSGESTALTUNG DER FINANZTRANSAKTIONSSTEUER IM EU-RICHTLINIENENTWURF

In der Mitteilung vom 7. Oktober 2010 schlug die EU-Kommission die zusätzliche Besteuerung des Finanzsektors in der EU vor.[9] Darin wurden die Finanzaktivitätssteuer und die FTS als mögliche Instrumente zur steuerlichen Belastung des Finanzsektors ins Auge gefasst. Mit einer kurzen Untersuchung und anschließenden Bewertung der beiden Steuern wollte die EU-Kommission zur Debatte um die zusätzliche Besteuerung des Finanzsektors beitragen. Damals wurde die Finanzaktivitätssteuer, die grundsätzlich die Summe aus Gehältern und Gewinnen besteuert, für vielversprechender gehalten. Nach Abschluss der bis zum Sommer 2011 laufenden Folgenabschätzung der EU-Kommission wurde allerdings die FTS als Favoritin auserwählt, weil man sich von ihr u. a. positive Effekte auf die Stabilität und Effizienz des Finanzsystems versprach. Dies mündete schließlich in den folgenden Richtlinienentwurf.[10]

---

[7] Siehe EUROPÄISCHE KOMMISSION, KOM(2010) 700.
[8] Siehe EUROPÄISCHE KOMMISSION, KOM(2011) 510.
[9] Vgl. hierzu und im Folgenden EUROPÄISCHE KOMMISSION, KOM(2010) 549.
[10] Der Richtlinienentwurf der Europäischen Kommission zur FTS ist in EUROPÄISCHE KOMMISSION, KOM(2011) 549, S. 13-25 enthalten und wird in den Fußnoten in der Folge zur besseren Lesbarkeit als FTS-Richtlinienvorschlag abgekürzt zitiert.

Persönlicher und sachlicher Anwendungsbereich

Der Richtlinienentwurf der EU-Kommission sieht vor, dass die FTS auf alle Finanztransaktionen Anwendung findet, bei denen zumindest eine an der Transaktion *beteiligte Partei* in einem EU-Mitgliedstaat ansässig ist und ein in einem EU-Mitgliedstaat ansässiges Finanzinstitut als *Transaktionspartei* handelt.[11] Wenn ein Finanzinstitut Transaktionspartei einer Finanztransaktion darstellt, gilt es zugleich als beteiligte Partei. Finanztransaktionen mit der Beteiligung von in der EU ansässigen Finanzinstituten unterliegen somit grundsätzlich der FTS.

Die Steuerpflicht für das Finanzinstitut bleibt unabhängig davon bestehen, ob es für eigene oder fremde Rechnung oder im Namen einer anderen Transaktionspartei handelt. Wenn aber ein Finanzinstitut im Namen oder für Rechnung eines anderen Finanzinstituts handelt, schuldet lediglich das andere Finanzinstitut die Steuer.[12] In dieser Hinsicht unterscheidet sich die FTS partiell von der Umsatzsteuer, da diese bei Leistungen im eigenen Namen, jedoch auf fremde Rechnung von dem ausführenden Unternehmer geschuldet wird (sog. Kommissionsgeschäft, § 3 Abs. 11 UStG).

Die FTS-Besteuerung knüpft sich an das Ansässigkeitsprinzip. Der Ort, an dem die Transaktion ausgeführt wird, spielt bei der Besteuerung keine Rolle. Im Sinne des Richtlinienvorschlags gilt ein Finanzinstitut erstens als in der EU ansässig, wenn es über eine Genehmigung von einem EU-Mitgliedstaat verfügt, dort als Finanzinstitut tätig zu sein (z. B. Banklizenz). Zweitens gelten Finanzinstitute mit eingetragenem Sitz, fester Anschrift oder einer Zweigstelle in einem EU-Mitgliedstaat als ansässig. Drittens gilt ein Finanzinstitut als in der EU ansässig, wenn es bei einer Transaktion Gegenpartei eines Finanzinstitutes ist, das nach den bereits genannten Bedingungen in der EU ansässig ist. Letzteres trifft insbesondere auf Finanzinstitute aus Drittländern zu, die Transaktionsgeschäfte mit Finanzinstituten aus der EU tätigen.[13] Personen, die Transaktionspartei und kein Finanzinstitut sind, gelten als in einem Mitgliedstaat ansässig, wenn sich ihr eingetragener Sitz (bei juristischen Personen) oder ihr ständiger Wohnsitz bzw. gewöhnli-

---

[11] Vgl. Art. 1 Abs. 2 FTS-Richtlinienvorschlag.
[12] Vgl. Art. 9 Abs. 2 FTS-Richtlinienvorschlag.
[13] Vgl. Art. 3 Abs. 1 FTS-Richtlinienvorschlag.

cher Aufenthalt (bei natürlichen Personen) in diesem Staat befindet; die Personen gelten ebenfalls als in der EU ansässig, wenn sie eine Zweigstelle in der EU unterhalten, die an der Transaktion beteiligt ist.[14]

Der Begriff des *Finanzinstituts* im Sinne des Richtlinienentwurfs ist sehr weit gefasst, damit möglichst alle Unternehmen des Finanzsektors der FTS-Pflicht unterliegen: Dazu gehören u. a. Wertpapierfirmen, geregelte Märkte, Kreditinstitute, Versicherungs- und Rückversicherungsunternehmen, Organismen für gemeinsame Anlagen, Pensionsfonds, Investmentfonds und Zweckgesellschaften.[15] Andere Unternehmen, die in wesentlichem Umfang Finanztransaktionen ausführen, werden ebenfalls als Finanzinstitute angesehen.

Die Steuer soll in dem Mitgliedstaat erhoben werden, in dessen Hoheitsgebiet das Finanzinstitut ansässig ist, sofern das Institut Transaktionspartei ist. Die folgende Abbildung fasst die im EU-Richtlinienvorschlag vorgesehene Funktionsweise des Ansässigkeitsprinzips und die damit verbundene Steuererhebung zusammen.

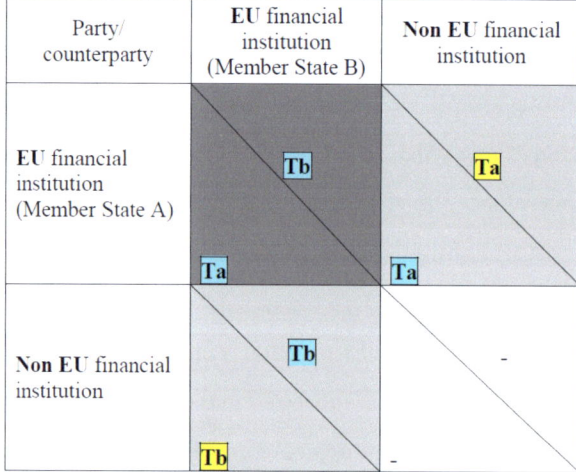

Legend:
Ta: tax of country A; Tb: tax of country B; Tax paid by EU Party; Tax paid by Non EU party
The taxation rules also apply when an FI is not a direct party but is acting on behalf of a party to the transaction. Where an FI acts in the name or on account of another FI only that other FI shall be liable to pay the tax.

ABBILDUNG 1: ANSÄSSIGKEITSPRINZIP UND STEUERERHEBUNG DER FTS IM EU-RICHTLINIENVORSCHLAG[16]

---

[14] Vgl. Art. 3 Abs. 4 FTS-Richtlinienvorschlag.
[15] Vgl. hierzu und im Folgenden Art. 2 Abs. 1 Nr. 7 FTS-Richtlinienvorschlag.
[16] Quelle: EUROPÄISCHE KOMMISSION (2012), Technical Fiche - The „Residence Principle" and the Territoriality of the Tax.

Nach den Vorstellungen der EU-Kommission sieht die FTS einen sehr umfangreichen sachlichen Anwendungsbereich vor, damit Finanztransaktionen aller Art erfasst werden. [17] Es sollen grundsätzlich keine Finanzprodukte dem Anwendungsbereich der FTS entgehen können. [18] So umfasst der Begriff *Finanztransaktion* erstens den Kauf oder Verkauf von Finanzinstrumenten, Pensionsgeschäften und Wertpapierverleihgeschäften, zweitens Übertragungen zwischen den Unternehmen einer Gruppe und drittens den Abschluss oder die Änderung von Derivatkontrakten. [19]

Der Begriff *Finanzinstrumente* schließt strukturierte Produkte mit ein: Das sind handelbare Wertpapiere oder verbriefte Finanzinstrumente und gleichwertige Transaktionen. [20] Für die verwendeten Bezeichnungen *Finanzinstrumente, strukturierte Produkte, Derivatkontrakte, Pensionsgeschäfte* und *Wertpapierverleihgeschäfte* liegen auf EU-Ebene bereits Richtlinien mit allseits anerkannten Bestimmungen vor. [21] Das soll die Anwendung und Durchsetzung erleichtern und die Umgehung der Regelungen verhindern. Die Hinzunahme *strukturierter Produkte* bei der Definition von Finanzinstrumenten ermöglicht es, zukünftig entwickelte Finanzprodukte unmittelbar der FTS zu unterwerfen. Andernfalls würden Vermeidungsmöglichkeiten entstehen.

Nach dem Willen der EU-Kommission sollen Finanztransaktionen auf organisierten und geregelten Märkten, in multilateralen Handelssystemen und anderen Handelsformen besteuert werden, was den außerbörslichen (OTC-) Handel mit einschließt. Transaktionen an Handelsplätzen außerhalb der EU unterliegen der Steuer, wenn zumindest ein beteiligtes Finanzinstitut in der EU ansässig ist. Ein Finanzinstitut aus dem Drittland gilt als in der EU ansässig und muss FTS zahlen, wenn es mit einem EU-Finanzinstitut handelt. Die Transaktion ist dann im betreffenden Mitgliedstaat steuerpflichtig. Auch Übertragungen innerhalb von Unter-

---

[17] Vgl. EUROPÄISCHE KOMMISSION, KOM(2011) 594, S. 7.
[18] Vgl. VOGEL, IStR 2012, S. 13.
[19] Vgl. Art. 2 Abs. 1 Nr. 1 FTS-Richtlinienvorschlag.
[20] Vgl. Art. 2 Abs. 1 Nr. 6 FTS-Richtlinienvorschlag.
[21] Vgl. hierzu und im Folgenden EUROPÄISCHE KOMMISSION, KOM(2011) 594, S. 7-9

nehmensgruppen unterliegen bei der Beteiligung von Finanzinstituten der FTS-Pflicht.[22]

Steuerbefreiungen

Erstemissionen bzw. Transaktionen auf Primärmärkten wie die Erstausgabe von Aktien, Schuldverschreibungen und Staatsanleihen unterliegen nicht der Besteuerung.[23] Nach der Zielsetzung des Richtlinienvorschlags soll die FTS nicht die Emission von Wertpapieren belasten, sondern den Handel mit diesen auf dem Sekundärmarkt.[24] Daneben beabsichtigt die EU-Kommission, diejenigen Finanztätigkeiten von der Besteuerung auszunehmen, die für die meisten Bürger und Unternehmen bedeutsam sind und häufig in Anspruch genommen werden.[25] Dazu gehören u. a. der Abschluss von Versicherungsverträgen, Hypothekardarlehen, Verbraucherkrediten und Zahlungsdiensten. Währungstransaktionen werden aufgrund der Wahrung der Kapitalverkehrsfreiheit nicht mit der FTS belastet.

Von dem Anwendungsbereich ausgenommen sind außerdem Transaktionen mit der EU, der EZB und den Zentralbanken der Mitgliedstaaten. Damit will die EU-Kommission sicherstellen, dass die Refinanzierungsmöglichkeiten der Finanzinstitute und geldpolitische Maßnahmen der EZB nicht beeinträchtigt werden.

Bemessungsgrundlage und Steuersätze

Der Richtlinienvorschlag sieht vor, dass sich die Bemessungsgrundlage einer Finanztransaktion grundsätzlich aus dem Preis bzw. einer Gegenleistung in anderer Form zusammensetzt.[26] Dagegen wird der Marktpreis als Bemessungsgrundlage herangezogen, wenn die Gegenleistung geringer als der Marktpreis ist. Bei der Bemessung des Marktpreises soll auf den Fremdvergleichsgrundsatz („Transaktion zwischen voneinander unabhängigen Geschäftspartnern") zurückgegriffen werden. Für die Besteuerung von Derivatkontrakten sieht die EU-Kommission besondere Regelungen vor. Hier dient der Nominalbetrag des Derivats als Bemes-

---

[22] Vgl. hierzu und im Folgenden VOGEL, IStR 2012, S. 13.
[23] Vgl. Art. 2 Abs. 4 lit. a FTS-Richtlinienvorschlag.
[24] Vgl. hierzu und im Folgenden VOGEL, IStR 2012, S. 14.
[25] Vgl. hierzu und im Folgenden EUROPÄISCHE KOMMISSION, KOM(2011) 594, S. 7, 9.
[26] Vgl. hierzu und im Folgenden Art. 5 FTS-Richtlinienvorschlag.

sungsgrundlage und nicht der Preis bzw. der Kapitaleinsatz.[27] Der Ansatz des Nominalwerts soll eine klare und einfache Anwendung der FTS auf Derivatkontrakte ermöglichen und gleichzeitig Manipulationsanreize zur Steuerumgehung verhindern.[28] Die FTS wirkt im Gegensatz zur bestehenden Umsatzsteuer in der EU wie eine Bruttoumsatzsteuer, da sie in jeder Handelsphase auf die Bruttowerte berechnet wird und keinen Abzug vorher gezahlter FTS zulässt.

Der Richtlinienentwurf sieht für alle Finanztransaktionen (mit Ausnahme der Derivatkontrakte) einen Mindeststeuersatz von 0,1 % vor.[29] Da bei Derivatkontrakten der Nominalbetrag einem Vielfachen des Preises bzw. Kapitaleinsatzes entspricht und die Haltedauer vergleichsweise kurz ist, wird für diese ein geringerer Steuersatz vorgesehen. Andernfalls würde die Steuerlast im Vergleich zu den Zahlungen zum Derivat sehr hoch ausfallen. Der Steuersatz für Derivatkontrakte beträgt deshalb nur 0,01 %. Da beide Transaktionsseiten, also jeweils Kauf und Verkauf, mit der FTS belastet werden, liegt die effektive Steuerbelastung einer Transaktion bei 0,2 % (bzw. 0,02 % im Derivatefall). Die Mitgliedstaaten sollen nach den Vorstellungen der EU-Kommission darüber hinaus die Möglichkeit erhalten, auch höhere Steuersätze zu bestimmen.

Steuerschuldner, Vermeidung von Steuerhinterziehung und Missbrauch, Harmonisierung der Besteuerung

Steuerschuldner der FTS sind in erster Linie die beteiligten Finanzinstitute. Handelt ein Finanzinstitut im Namen oder für Rechnung eines anderen Finanzinstituts, schuldet lediglich das andere Finanzinstitut die FTS. Die Schuldner werden dazu verpflichtet, zum Zehnten eines Monats eine FTS-Erklärung bei den Steuerbehörden einzureichen.[30] Diese sollen alle Angaben enthalten, die zur Berechnung der innerhalb des vorangegangenen Monats angefallenen FTS benötigt werden.

---

[27] Vgl. hierzu und im Folgenden VOGEL, IStR 2012, S. 14.
[28] Vgl. hierzu und im Folgenden EUROPÄISCHE KOMMISSION, KOM(2011) 594, S. 10.
[29] Vgl. hierzu und im Folgenden Art. 8 Abs. 2 FTS-Richtlinienvorschlag.
[30] Vgl. hierzu und im Folgenden Art. 10 Abs. 2 FTS-Richtlinienvorschlag.

Der Richtlinienentwurf sieht vor, dass die Mitgliedstaaten Verpflichtungen festlegen sollen, mit denen sie sicherstellen, dass die den Steuerbehörden geschuldete FTS entrichtet wird. Dazu können sie geeignete Maßnahmen ergreifen, um Steuerhinterziehung, Steuerumgehung und Missbrauch zu verhindern. Falls nötig, sollen sie dabei auch auf die in der EU verfügbaren Instrumente zur Beitreibung von Steuern sowie internationale Übereinkommen zurückgreifen.[31]

Da die EU-Kommission mit ihrem Vorschlag das Ziel verfolgt, die Besteuerung von Finanztransaktionen in der EU zu harmonisieren, dürfen die Mitgliedstaaten keine anderen Steuern auf Finanztransaktionen beibehalten oder einführen außer die FTS des Richtlinienvorschlags und die Umsatzsteuer gemäß der Mehrwertsteuersystemrichtlinie.[32] Mitgliedstaaten, die bereits eine FTS oder ähnliche Steuern eingeführt haben, werden aufgefordert, diese abzuschaffen.

Ergänzungen durch das Europäische Parlament

Im Mai 2012 hat das EU-Parlament den Richtlinienvorschlag der EU-Kommission angenommen, dabei jedoch eine Reihe von Ergänzungen vorgenommen.[33] Eine wesentliche Ergänzung ist die Ausdehnung des Geltungsbereichs der FTS durch das Ausgabeprinzip. Das Ausgabeprinzip funktioniert so, dass Transaktionen mit Finanzinstrumenten, die ursprünglich in der EU ausgegeben bzw. emittiert wurden, der Steuer unterliegen. Dadurch wären auch Finanzinstitute außerhalb der EU dazu gezwungen, FTS zu entrichten, wenn sie mit in der EU ausgegebenen Finanzinstrumenten handeln.[34] Lassen sich Ansässigkeits- und Ausgabeprinzip gleichzeitig anwenden, soll nach Ersterem besteuert werden. Das hat Auswirkungen darauf, welchem Mitgliedstaat die Steuer aus der Transaktion zusteht.

---

[31] Vgl. Art. 11 Abs. 3 FTS-Richtlinienvorschlag; vgl. hierzu und im Folgenden EUROPÄISCHE KOMMISSION, KOM(2011) 594, S. 11.
[32] Siehe Richtlinie 2006/112/EG des Rates v. 28.11.2006 über das gemeinsame Mehrwertsteuersystem, ABl. L 347 v. 11.12.2006, S. 1; vgl. Art. 12 FTS-Richtlinienvorschlag.
[33] Vgl. hierzu und im Folgenden EUROPÄISCHES PARLAMENT (2012): Bericht über den Vorschlag für eine Richtlinie des Rates über das gemeinsame Finanztransaktionssteuersystem.
[34] Vgl. hierzu und im Folgenden EUROPÄISCHES PARLAMENT (Parlament verabschiedet ehrgeizige Vorgaben für die FTS 2012), abgerufen am 03.09.2012.

Außerdem wird der Richtlinienentwurf der EU-Kommission um das Eigentümer-prinzip ergänzt. Dadurch soll die Steuerumgehung unattraktiver werden, weil die rechtliche Übertragung der Eigentümerrechte an die Entrichtung der Steuer ge-knüpft wird. Das bedeutet, dass der Kauf oder Verkauf eines Instruments bei Nichtzahlung der Steuer nicht rechtskräftig wäre und die Eigentümerrechte nicht abgesichert sein würden. Nach Ansicht des EU-Parlaments werden die Verlage-rungs- und Ausweichmöglichkeiten durch die Kombination des Ansässigkeits-, Ausgabe- und Eigentümerprinzip weiter verkleinert.

2.3 SCHÄTZUNG DES STEUERAUFKOMMENS UND MAKROÖKONOMISCHE AUSWIRKUNGEN

Die EU-Kommission hat zum Richtlinienvorschlag eine Folgenabschätzung[35] und als Zusammenfassung der Ergebnisse mehrere sog. *Technical Fiches* vorgelegt. Darin ist u. a. eine Einschätzung des erzielbaren Steueraufkommens durch die EU-weite Einführung der FTS enthalten. Unter Anwendung der Mindeststeuersät-ze von 0,1 % für Wertpapiere und 0,01 % für Derivatkontrakte, die von jeweils beiden Seiten der Transaktion zu zahlen wäre, ergibt sich ein geschätztes Auf-kommen in Höhe von etwa 57 Mrd. Euro jährlich.[36]

Es wird darauf hingewiesen, dass die Schätzung aufgrund der Neueinführung ei-ner derartigen Steuer und den ungewissen Marktreaktionen einem hohen Grad an Unsicherheit unterliegt. Ein Drittel des Aufkommens wird durch die Besteuerung von Wertpapiertransaktionen (19,4 Mrd. Euro) und zwei Drittel durch die Besteu-erung von Transaktionen mit Derivaten erwartet (37,7 Mrd. Euro). In der folgen-den Tabelle kann eine weitere Untergliederung eingesehen werden.

[35] EUROPÄISCHE KOMMISSION, SEC(2011) 1102, Vol. 1-19.
[36] Vgl. hierzu und im Folgenden EUROPÄISCHE KOMMISSION (2012), Technical Fiche - Revenue Estimations.

Product	Rate (%, for each tax payer)	
	0.01	0.1
Securities		**19.4**
- shares		6.8
- bonds		12.6
Derivatives	**37.7**	
- equity linked	3.3	
- interest rate linked	29.6	
- currency linked	4.8	

TABELLE 1: GESCHÄTZTES STEUERAUFKOMMEN DER FTS AUFGETEILT NACH PRODUKTARTEN IN MRD. EURO[37]

Im Technical Fiche wird darüber hinaus angemerkt, dass eine Ausnahme von Produkten oder Akteuren von der FTS-Pflicht zu negativen Effekten und signifikanten Aufkommenseinbußen führen würde.

Das Technical Fiche *Macroeconomic Impacts* fasst die Ergebnisse der EU-Kommission zu den makroökonomischen Auswirkungen der Einführung einer FTS in der EU zusammen.[38] Auf der Basis des Richtlinienentwurfs wurde ein Modell entwickelt, das die Auswirkungen der vorgeschlagenen FTS simuliert. Die Ergebnisse des Modells zeigen, dass das BIP der gesamten EU im Vergleich zum Basisszenario ohne FTS kumuliert etwa 0,3 % geringer ausfällt. Das bedeutet, dass das BIP der EU im Jahre 2050 bei Einführung einer FTS 81,1 % über dem heutigen Niveau liegen würde gegenüber 81,4 % über heutigem Niveau, wenn keine FTS eingeführt wird. Die hier dargestellten Ergebnisse berücksichtigen bereits die Nichtbesteuerung der Primärmärkte sowie die Nichtbesteuerung der Transaktionen zwischen Nicht-Finanzinstituten und zwischen Nicht-EU-Parteien.

Es wird also ein relativ geringer negativer Einfluss auf das BIP der EU erwartet.[39] Bei dieser Modellsimulation wurde das erzielte Steueraufkommen über Einmalzahlungen („lump-sum transfers") an private Haushalte wieder in die Wirtschaft geleitet, um verzerrende Effekte auf das Modellergebnis zu vermeiden. In einem

---

[37] Quelle: EUROPÄISCHE KOMMISSION (2012), Technical Fiche - Revenue Estimations.
[38] Vgl. hierzu und im Folgenden EUROPÄISCHE KOMMISSION (2012), Technical Fiche - Macroeconomic Impacts, S. 1.
[39] Vgl. hierzu und im Folgenden EUROPÄISCHE KOMMISSION (2012), Technical Fiche - Macroeconomic Impacts, S. 3.

alternativen Szenario werden die erzielten Steuerbeträge dagegen zur Senkung der Lohn- und Unternehmenssteuern verwendet. Daraus resultierte eine günstigere Auswirkung, das heißt eine geringere Verminderung des BIP-Wachstums. Darüber hinaus zeigen Modellsimulationen sogar positive Effekte auf das Wachstum des BIP in der Größenordnung von 0,2 - 0,4%, wenn die durch die FTS erzielten Finanzmittel für wachstumsförderliche öffentliche Investitionen eingesetzt werden.

Das DIW hat im Auftrag der SPD ein Forschungsprojekt über die ökonomischen und fiskalischen Effekte der Einführung einer FTS für Deutschland durchgeführt.[40] In der veröffentlichten Studie wurden u. a. die von der EU-Kommission veröffentlichten Ergebnisse überprüft. Das DIW ist der Ansicht, dass die Anpassungseffekte, die durch die FTS ausgelöst werden, im Schätzungsszenario der EU-Kommission ausreichend berücksichtigt wurden.[41] Die EU-Kommission ging in ihren Schätzungen davon aus, dass die Handelsvolumina von Wertpapiertransaktionen um 15 % und von Derivaten um 75 % sinken würden, was das DIW als erheblich bezeichnet.[42] Das DIW hält die Schätzungen der EU zum Steueraufkommen von 57 Mrd. Euro für plausibel und glaubwürdig.

In einem weiteren Schritt schätzt es das Steueraufkommen unter der Bedingung, dass die FTS nur in der Eurozone oder einer kleineren Steuerzone implementiert wird.[43] Bei dieser Schätzung wird der EU-Richtlinienentwurf mit den Ergänzungen des EU-Parlaments zugrunde gelegt. Das bedeutet, dass neben dem Ansässigkeitsprinzip auch das Ausgabe- und Eigentümerprinzip berücksichtigt werden.[44] Bei der Implementierung auf Ebene der Eurozone oder einer kleineren Steuerzone rechnet das DIW nicht mit nennenswerten Verlagerungsaktivitäten. Für die gesamte EU wird das geschätzte Steueraufkommen von 57 Mrd. Euro übernommen. Das DIW stellt fest, dass ein substanzielles Aufkommen auch in der Eurozone oder einer Steuerzone mit neun Euroländern möglich wäre. Das Steueraufkommen für Deutschland beträgt nach den Berechnungen des DIW je nach Verteilungs-

---

[40] DIW BERLIN (2012), Finanztransaktionssteuer.
[41] Vgl. hierzu und im Folgenden DIW BERLIN (2012), Finanztransaktionssteuer, S. 2-4.
[42] Vgl. hierzu und im Folgenden DIW BERLIN (2012), Finanztransaktionssteuer, S. 8.
[43] Vgl. hierzu und im Folgenden DIW BERLIN (2012), Finanztransaktionssteuer, S. 14-16.
[44] Vgl. Kapitel 2.2.

schlüssel 11,15 bis 9,88 Mrd. Euro. Für die Eurozone ergibt sich ein Gesamtaufkommen von 44 bis 39 Mrd. Euro.

Die Studie bestätigt die Ergebnisse der Aufkommensschätzung der EU-Kommission sowie die makroökonomischen Auswirkungen. Das DIW findet eher noch Hinweise darauf, dass das erzielbare Aufkommen unterschätzt wird und sich positive Auswirkungen auf das BIP ergeben könnten. [45]

2.4 AUSBLICK UND WAHRSCHEINLICHKEIT DER IMPLEMENTIERUNG

Zu Beginn des Jahres 2011 wurde von der EU die Implementierung einer FTS auf internationaler Ebene angestrebt. Auf dem G20-Gipfel in Cannes am 3. und 4. November 2011 warben Nicolas Sarkozy und Angela Merkel für eine FTS zur Besteuerung der internationalen Finanzmärkte.[46] Der Vorstoß scheiterte aber insbesondere am Widerstand der USA und Großbritanniens. Am 28. September 2011 wurde von der EU-Kommission schließlich der Vorschlag für eine Richtlinie zur Einführung einer FTS in den 27 Mitgliedstaaten der EU vorgelegt.

Auf EU-Ebene müssen steuerliche Gesetzesvorhaben grundsätzlich einstimmig beschlossen werden.[47] In einem Brief vom 7. Februar 2012 an die dänische EU-Ratspräsidentschaft stimmten die folgenden neun Mitgliedstaaten darin überein, den Prozess zur Einführung der FTS zu beschleunigen: Belgien, Deutschland, Finnland, Frankreich, Griechenland, Italien, Österreich, Portugal und Spanien.[48] Eine EU-weite Einführung lehnten u. a. Großbritannien, Schweden, Luxemburg und die Niederlande ab.[49] Damit hatten sich die Hoffnungen auf eine zügige Einführung der FTS in der EU zerschlagen, selbst in der Eurozone war dies durch den Widerstand der beiden letztgenannten Mitgliedstaaten nicht mehr möglich. Der ECOFIN-Rat[50] stellte schließlich am 22. Juni 2012 formal fest, dass die erforder-

---

[45] Vgl. DIW BERLIN (2012), Finanztransaktionssteuer, S. 22 f.
[46] Vgl. FOCUS ONLINE (G20-Gipfel - Finanztransaktionssteuer wird nicht umgesetzt 2012), abgerufen am: 03.09.2012.
[47] Siehe Art. 113 AEUV.
[48] Vgl. ZEIT ONLINE (Schäuble will Finanztransaktionssteuer beschleunigen 2012), abgerufen am: 03.09.2012.
[49] Vgl. SUEDDEUTSCHE.DE (Finanzmarktsteuer in der EU gescheitert – vorerst 2012), abgerufen am: 03.09.2012.
[50] Ministerrat für Wirtschaft und Finanzen in der EU.

liche Unterstützung der 27 Mitgliedstaaten für dieses Vorhaben fehle.[51] Die folgende Abbildung zeigt die Haltung der EU-Mitgliedstaaten gegenüber der Einführung der vorgeschlagenen FTS im April 2012.

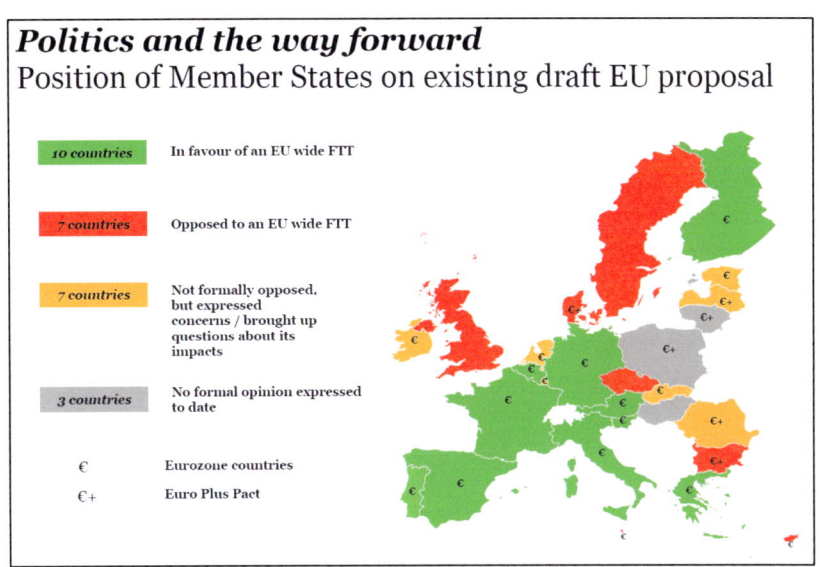

ABBILDUNG 2: HALTUNG DER MITGLIEDSTAATEN GEGENÜBER DEM VORSCHLAG ZUR EINFÜHRUNG EINER FTS IN DER EU, STAND: APRIL 2012[52]

In der Folge beschloss die deutsche Bundesregierung gemeinsam mit den Mitgliedstaaten, die die FTS befürworten, den Weg der *verstärkten Zusammenarbeit* zu beschreiten.[53] Dieses Verfahren ermöglicht einer Gruppe bestehend aus mindestens neun Mitgliedstaaten, europäisches Recht zu erlassen. Das Recht gilt dann nur zwischen den Mitgliedstaaten dieser Gruppe. Am 7. Juni 2012 wurde in den Verhandlungen über die Zustimmung zum EU-Fiskalpakt auf Druck der SPD und der Grünen beschlossen, dass die Bundesregierung die FTS zeitnah auf den Weg bringen werde.[54] Damit soll ein Beschluss noch im Jahre 2012 möglich sein. Die Bundesregierung kündigte am 27. Juni 2012 in einer Pressemitteilung an, das Bundesfinanzministerium werde einen Antrag an die EU-Kommission stellen, die FTS mithilfe des Verfahrens der verstärkten Zusammenarbeit auf EU-Ebene einzuführen. Die Einführung einer FTS wird durch eine große Mehrheit in der Be-

---

[51] Vgl. EUROPÄISCHE KOMMISSION (2012), Pressemitteilung, S. 11.
[52] Quelle: PRICEWATERHOUSECOOPERS (2012), Präsentation Financial Transactions Tax.
[53] Vgl. hierzu und im Folgenden BUNDESREGIERUNG (Finanzmärkte an den Kosten beteiligen 2012), abgerufen am: 03.09.2012.
[54] Vgl. WELT ONLINE (Union einigt sich mit Opposition auf Finanzsteuer 2012), abgerufen am: 03.09.2012.

völkerung unterstützt: 64 % aller Europäer befürworten die Einführung einer Steuer auf Finanzprodukte.[55] Darüber hinaus stehen mit Deutschland, Frankreich, Spanien und Italien besonders einflussreiche Mitgliedstaaten hinter dem Vorhaben. Es ist daher keineswegs unrealistisch, dass man in diesem oder nächstem Jahr die Einführung der FTS in den mindestens neun befürwortenden Mitgliedstaaten beschließt.

Die Einführung der FTS in diesen Mitgliedstaaten setzt voraus, dass dort bereits bestehende FTS oder ähnliche Steuern wieder abgeschafft werden müssten. Davon wären zum Beispiel Frankreich und Belgien betroffen.[56] Sollte die Einführung der FTS noch in diesem Jahr beschlossen werden, könnte diese frühestens ab dem Jahre 2014 in Kraft treten. Eine erfolgreiche Implementierung der FTS über das Verfahren der verstärkten Zusammenarbeit könnte bei geringen Ausweichreaktionen und wesentlichem Steueraufkommen auch andere Mitgliedstaaten von der FTS überzeugen und so den räumlichen Anwendungsbereich der Steuer in der EU ausweiten.

---

[55] Vgl. EUROPÄISCHES PARLAMENT (Infografik - Finanztransaktionssteuer für Europa 2012), abgerufen am: 03.09.2012.
[56] Vgl. EUROPÄISCHE KOMMISSION (2012), Technical Fiche - Tax Contribution of the Financial Sector, S. 13 f.

3. BEURTEILUNG DER GRÜNDE ZUR EINFÜHRUNG EINER FINANZTRANSAKTIONSSTEUER

3.1 BETEILIGUNG DES FINANZSEKTORS AN DEN KOSTEN DER KRISE

Eines der wichtigsten Argumente, das zur Rechtfertigung zusätzlicher Besteuerung des Finanzsektors herangezogen wird, ist die angemessene Beteiligung dieses Sektors an den Kosten der Finanz- und Wirtschaftskrise. Zunächst folgt ein Überblick über die finanziellen Belastungen der EU-Mitgliedstaaten, die in den letzten Jahren aufgrund der Krise entstanden sind.

Die staatlichen Hilfen der europäischen Mitgliedstaaten zur Stützung des Finanzsektors nahmen in der Krise exorbitante Ausmaße an. So wurden von 2008 bis 2010 Mittel in Höhe von 4,6 Bio. Euro für Bürgschaften, Garantien und Kapitalspritzen für Finanzinstitute bereitgestellt, die in Schwierigkeiten geraten waren.[57] Eine Summe, die 39 % des BIP der gesamten EU im Jahre 2009 entspricht. Davon wurden im Jahre 2009 schließlich 1,1 Bio. Euro in Anspruch genommen, der tatsächliche finanzielle Vorteil des Finanzsektors durch die staatlichen Mittel belief sich auf 350 Mrd. Euro. Inzwischen wurden die Hilfen in Teilen auch wieder zurückgezahlt. Zur Stützung der Realwirtschaft wurden darüber hinaus noch über 550 Mrd. Euro für nationale Konjunkturprogramme bereitgestellt.

In der Folge erreichten die Defizite und Staatsschulden der europäischen Mitgliedstaaten aufgrund der staatlichen Hilfen und der heftigen Rezession neue Rekordstände. So erhöhte sich die Staatsverschuldung von 2007 bis 2012 um etwa 23 Prozentpunkte auf 83 % des BIP im EU-Durchschnitt. Die zusätzliche Besteuerung der Finanzbranche könnte daher *ein* Mittel sein, zur Konsolidierung der öffentlichen Haushalte beizutragen.

---

[57] Vgl. hierzu und im Folgenden EUROPÄISCHE KOMMISSION, SEC(2010) 1462; vgl. hierzu und im Folgenden HEMMELGARN, IFSt 2011, S. 10.

Die EU-Kommission ist der Ansicht, dass insbesondere der Finanzsektor zur Entstehung der Krise beigetragen hat und zu einem großen Teil für das Ansteigen der Staatsschulden verantwortlich ist.[58] Bei der Entstehung der Krise spielten bestimmte makro- und mikroökonomische Fehlentwicklungen eine große Rolle.[59] Dazu gehören u. a. der enorme Preisverfall auf dem US-Immobilienmarkt, unzureichende Bankenaufsicht, Fehlbewertungen durch Ratingagenturen, Probleme im Risikomanagement sowie Fehlanreize in den Vergütungssystemen der Finanzinstitute. Damit wird auch deutlich, dass nicht der Finanzsektor alleine für die Krise verantwortlich ist. Es dürfte aber unbestritten sein, dass er eine Mitschuld an der Verursachung und Verschärfung der Krise trägt.

Aus der Vergangenheit heraus ließe sich also in gewissem Maße eine zusätzliche Besteuerung des Finanzsektors rechtfertigen.[60] Zum Beispiel wären zweckgebundene Beiträge zur Tilgung der staatlichen Hilfen und der damit verbundenen zusätzlichen Schulden denkbar. Ein anderes Beispiel sind Abgaben, die in Fonds fließen, der dann bei Notfällen wie Bankeninsolvenzen eingesetzt werden könnte, um zukünftige staatliche Hilfsaktionen zu vermeiden (wie die sog. Bankenabgabe[61] in Deutschland). Die Rechtfertigung einer dauerhaften Besteuerung aufgrund der Mitschuld an der Krise ist abhängig vom Standpunkt des Beurteilenden. Da die Rettungsprogramme für den Finanzsektor durch enorme Steuerbeträge finanziert wurden, ist die Forderung nach einer zusätzlichen Besteuerung aus Sicht der europäischen Bevölkerung und der Politik nur verständlich.

Nun kann die Frage aufgeworfen werden, ob die steuerliche Belastung der *gesamten* Finanzbranche gerechtfertigt werden kann. Denn einige Finanzinstitute nahmen gar keine staatlichen Hilfen in Anspruch und waren auch nicht an der Verursachung der Krise beteiligt. Allerdings haben auch diese Institute von den staatlichen Unterstützungen profitiert, weil damit das gesamte Finanzsystem stabilisiert und die Geschäfte mit anderen Finanzakteuren gefördert wurden.

---

[58] Vgl. EUROPÄISCHE KOMMISSION, KOM(2010) 549, S. 3.
[59] Vgl. hierzu und im Folgenden HEMMELGARN, IFSt 2011, S. 7-9.
[60] Vgl. hierzu und im Folgenden HEMMELGARN, IFSt 2011, S. 13.
[61] Siehe Restrukturierungsfondsgesetz - RStruktFG.

Die zusätzliche Besteuerung des Finanzsektors wäre jedenfalls eher gerechtfertigt als eine Mehrbelastung der privaten Haushalte über die höhere Besteuerung von Lohneinkommen oder über höhere Umsatzsteuern, wenn der einzige Zweck der Erhebung die Konsolidierung der Staatshaushalte sein sollte. Dies ist insbesondere vor dem Hintergrund der geringeren Besteuerung von Kapital- und Gewinneinkommen im Vergleich zu Lohneinkommen sowie dem gestiegenen Anteil von Kapital- und Gewinneinkommen am Volkseinkommen zu sehen.[62]

Ob die zusätzliche Besteuerung zur Beteiligung des Finanzsektors an den Kosten der Krise gerechtfertigt ist, kann objektiv kaum beantwortet werden. In den folgenden Abschnitten werden aber noch weitere Gründe angeführt, die für eine zusätzliche Besteuerung durch eine FTS sprechen könnten.

3.2 EINDÄMMUNG „SCHÄDLICHER" TRANSAKTIONEN ALS BEITRAG ZUR STABILITÄT IM FINANZSYSTEM

Die EU-Kommission erwartet von der Einführung der FTS neben der Generierung von Steueraufkommen auch positive Lenkungswirkungen.[63] Es wird angenommen, dass die Finanzmärkte aufgrund der Dominanz kurzfristiger spekulativer Transaktionen durch ein Übermaß an Liquidität geprägt sind.[64] Spekulation erhöht dabei die kurzfristige Volatilität von Preisen an den Finanzmärkten und führt darüber hinaus zu langfristigen Schwankungen von Preisen, die für die Weltwirtschaft besonders wichtig sind. Damit ruft sie negative Auswirkungen auf die Realwirtschaft hervor. Durch die Besteuerung von Finanztransaktionen sollen diese schädlichen kurzfristigen Spekulationen und hochriskante Handelsgeschäfte eingedämmt werden und damit die Preisvolatilität und die exzessive Liquidität am Finanzmarkt verringert werden.[65] Im Ergebnis soll dadurch die Effizienz und Stabilität der Finanzmärkte erhöht werden, was sich auch für die Realwirtschaft positiv auswirken würde.

---

[62] Vgl. zum Beispiel WSI (Verteilungsbericht - Lohneinkommen verlieren an Boden 2011), abgerufen am: 03.09.2012.
[63] Vgl. hierzu und im Folgenden EUROPÄISCHE KOMMISSION, KOM(2011) 594, S. 3.
[64] Vgl. hierzu und im Folgenden SCHULMEISTER, WIFO 2009, S. 3 f.
[65] Vgl. HEMMELGARN, IFSt 2011, S. 39.

Die FTS ist als Bruttoumsatzsteuer ausgestaltet ist, daher kommt es beim häufigen Umschlag von Finanzinstrumenten zu einem Kaskadeneffekt.[66] Da bei jedem Kauf und Verkauf FTS anfällt, unterliegt der kurzfristige Handel häufiger der Besteuerung als langfristige Investitionen. Auf diese Weise begünstigt die FTS Anlagestrategien, die auf langfristigen Haltedauern basieren, und benachteiligt den kurzfristigen Handel und Spekulationsgeschäfte. Es ist also tatsächlich davon auszugehen, dass die FTS die Spekulation am Finanzmarkt unattraktiver macht und auf diesem Wege eindämmt.

Die Folgenabschätzung zum EU-Richtlinienvorschlag zeigt, dass sich durch die steuerbedingte Erhöhung der Transaktionskosten das Verhalten der Marktteilnehmer ändern würde. Dies gilt für den automatisierten Handel und dabei insbesondere für den Hochfrequenzhandel, bei dem extrem kurzfristig hohe Summen mit nur sehr geringen Gewinnmargen bewegt werden. Der Hochfrequenzhandel steht im Verdacht, den Herdentrieb auf den Finanzmärkten zu verstärken und damit Preisblasen zu fördern.[67] Darüber hinaus können die Handelscomputer durch ihre enorme Schnelligkeit auf Kosten anderer Marktteilnehmer wie Pensionsfonds Arbitrage betreiben. Gibt ein Pensionsfonds beispielsweise einen Kaufauftrag für eine Aktie aus, kann der Handelscomputer dem Pensionsfonds zuvor kommen und selbst diese Aktie kaufen, um sie dann gewinnbringend an den Pensionsfonds weiterzuverkaufen. Durch die FTS wird dieses Geschäftsmodell weniger profitabel. Die Folge wäre, dass die Handelsalgorithmen dergestalt angepasst werden müssten, dass weniger Transaktionen, aber mit höheren Gewinnmargen durchgeführt werden.[68] Schätzungen zufolge liegt der Marktanteil des Hochfrequenzhandels in den europäischen Finanzmärkten zwischen 30 und 40 %.[69] Vor diesem Hintergrund wäre ein Rückgang des Hochfrequenzhandels durch die Einführung einer FTS zu begrüßen.

Das DIW erwartet von der Einführung einer FTS auch, dass Finanzinnovationen wie die CDOs, die zum Ausbruch der Finanzkrise beitrugen, an Attraktivität ver-

---

[66] Vgl. hierzu und im Folgenden VOGEL, IStR 2012, S. 15.
[67] Vgl. hierzu und im Folgenden DIW BERLIN (2012), Finanztransaktionssteuer, S. 7.
[68] Vgl. EUROPÄISCHE KOMMISSION, KOM(2011) 594, S. 5.
[69] Vgl. hierzu SCHULMEISTER/SOKOLL, WIFO 2011, S. 18 f.

lieren werden, da sie auf vielfachen Transaktionen beruhen und die Steuerlast dementsprechend hoch wäre.[70] Dasselbe gilt für Kreditversicherungen, die aus rein spekulativen Gründen erzeugt werden. Außerdem rechnet das DIW damit, dass aus Regulierungssicht unerwünschte Aktivitäten durch die FTS eingedämmt werden. Zum einen werden bestimmte kurzzeitig getätigte RePo-Geschäfte steuerlich belastet. Das sind vereinbarte Geschäfte, die aus dem Verkauf und anschließendem Rückkauf von Anleihen bestehen. Diese können für eine künstliche Erhöhung der Eigenkapitalquoten von Finanzinstituten genutzt werden, um beispielsweise Vorgaben der Bankenaufsicht einzuhalten. Zum anderen werden Geschäftsauslagerungen in das Schattenbankensystem unattraktiver, weil die Handelsgeschäfte mit anderen selbständigen Einheiten (wie Zweckgesellschaften) dann der FTS unterliegen. Das ist deshalb positiv zu bewerten, weil Schattenbanken einer geringeren Regulierung unterliegen und daraus ein erhöhtes Risiko für das Finanzsystem hervorgeht.

Allerdings ist bei der Beurteilung darauf zu achten, dass nicht pauschal zwischen kurzfristigen schädlichen und langfristigen nützlichen Transaktionen unterschieden werden kann.[71] Es gibt eine Vielzahl kurzfristiger Transaktionen, die der Realwirtschaft Nutzen stiften et vice versa. Die Haltedauer eines Finanzinstruments kann nicht undifferenziert als Indikator für die Nützlichkeit bzw. Schädlichkeit herangezogen werden. Die FTS besteuert alle Finanztransaktionen, unabhängig von dem damit verbundenen systemischen Risiko. Daher kann sie auch zu negativen Lenkungswirkungen führen, wenn förderliche kurzfristige Transaktionen vermindert werden. Insgesamt gibt es aber genügend Anhaltspunkte dafür, dass die FTS über positive Lenkungswirkungen verfügt und zur Stabilität und Effizienz im Finanzsystem beitragen kann.

3.3 BESTEUERUNG ÖKONOMISCHER REINGEWINNE DURCH DIE SONDERSTELLUNG DES FINANZSEKTORS

Ein weiteres Argument für die Besteuerung des Finanzsektors ist, dass Finanzinstitute aufgrund ihrer besonderen Stellung in der Volkswirtschaft und regulatori-

---

[70] Vgl. hierzu und im Folgenden DIW BERLIN (2012), Finanztransaktionssteuer, S. 5 f.
[71] Vgl. hierzu und im Folgenden VOGEL, IStR 2012, S. 15.

scher Besonderheiten ökonomische Reingewinne erzielen könnten. Die EU-Kommission hat dies zwar nicht explizit als Grund für die Einführung einer FTS genannt, allerdings wurde das Argument in der Folgenabschätzung zum Richtlinienvorschlag untersucht. Als ökonomische Reingewinne oder auch ökonomische Renten werden hier Gewinne bezeichnet, die über der marktüblichen Entlohnung liegen und nicht durch Produktivitätsvorsprünge erklärt werden können.[72] Wenn Finanzunternehmen tatsächlich in der Lage sind, ökonomische Renten zu erwirtschaften, sollten diese aus ökonomischer Sicht auch besteuert werden.[73] Zunächst wird nun untersucht, ob es in der EU bereits Steuern gibt, die ökonomische Reingewinne von Finanzinstituten belasten sollen. Danach wird geprüft, ob Finanzinstitute tatsächlich ökonomische Reingewinne erzielen können.

Für Finanzinstitute gelten im Hinblick auf die Einkommens- bzw. Körperschaftsbesteuerung grundsätzlich die gleichen Vorschriften wie für alle anderen Wirtschaftsunternehmen.[74] Auch die Besteuerung von Löhnen unterscheidet sich in der Finanzbranche nicht von den allgemeinen Regeln. Ein Unterschied zur Besteuerung anderer Wirtschaftszweige besteht dagegen in der Umsatzsteuerbefreiung für die meisten Finanzdienstleistungen, aus der sich für Finanzunternehmen ein steuerlicher Vorteil ergeben könnte. Dieser Aspekt wird im nächsten Abschnitt näher diskutiert. In einigen europäischen Staaten werden Bankenabgaben erhoben, die entweder als Beiträge oder Steuern in bestimmte Fonds oder öffentliche Haushalte fließen. Mit Bankenabgaben soll prinzipiell das von einem Finanzinstitut ausgehende Risiko ins Auge gefasst werden, deshalb orientiert man sich bei der Besteuerung an risikobehafteten Bilanzposten wie bestimmten Aktiva oder Schulden. Der erzielte Gewinn spielt dabei eine untergeordnete Rolle.[75] Im Ergebnis existieren in der EU zurzeit keine Steuern zur zusätzlichen Belastung ökonomischer Reingewinne.

---

[72] Vgl. HEMMELGARN, IFSt 2011, S. 15 f.
[73] Vgl. HEMMELGARN, IFSt 2011, S. 14.
[74] Vgl. hierzu und im Folgenden EUROPÄISCHE KOMMISSION (2012), Technical Fiche - Tax Contribution of the Financial Sector, S. 2 f.; vgl. HEMMELGARN, IFSt 2011, S. 28.
[75] Siehe hierzu eine detaillierte Übersicht zur Besteuerung des Finanzsektors in Europa: EUROPÄISCHE KOMMISSION (2012), Technical Fiche - Tax Contribution of the Financial Sector, S. 8-17.

Im Allgemeinen werden zwei Gründe angeführt, die den Finanzsektor von anderen Wirtschaftssektoren unterscheidet. Diese beziehen sich auf den Wettbewerb und die Regulierung im Finanzsystem. Zum einen kann die Insolvenz eines Finanzinstituts abhängig von der Vernetzung und Größe zu hohen gesamtwirtschaftlichen Kosten führen und auch weitere Institute in Schwierigkeiten bringen.[76] Zum anderen bestehen Sicherheitsnetze, die implizit oder explizit von den Staaten gewährt werden sowie umfassende Regulierungen. Diese beiden Aspekte führen dazu, dass Marktaustritts- und Markteintrittsbarrieren geschaffen werden. Die Finanzunternehmen können diese Situation ausnutzen, indem sie höhere Risiken eingehen als es gesamtwirtschaftlich effizient wäre und dadurch ökonomische Reingewinne erzielen. Das gilt insbesondere für systemrelevante, sog. Too-Big-To-Fail-Institute, die sich im Falle einer Insolvenz aufgrund ihrer Größe und hohen Vernetzung sicher sein können, gerettet zu werden. Es liegt ein Moral Hazard-Problem vor, weil in diesen Fällen Gewinne privatisiert und Verluste sozialisiert werden.

Wenn Finanzinstitute tatsächlich in der Lage sein sollten, ökonomische Renten zu erwirtschaften, dann müsste dies in der Praxis auch beobachtbar sein.[77] Ökonomische Renten müssten dann in der Form höherer Gewinne und Aktienkurse oder höherer Gehälter in der Finanzbranche zu sehen sein. Empirische Studien zeigen gemischte Ergebnisse auf die Frage, ob die Eigenkapitalrenditen des Finanzsektors über denen des Nichtfinanzsektors liegen. Nach einer Studie der Bank für Internationalen Zahlungsausgleich lagen die durchschnittlichen Renditen der Finanzaktien je nach beobachtetem Zeitraum und Land mal über und mal unter den Renditen der Nichtfinanzaktien.[78] Auch die Eigenkapitalrendite des Finanzsektors im Zeitraum 1995 bis 2009 unterschied sich nicht signifikant von der des Nichtfinanzsektors. Es liegen also keine eindeutigen Indizien vor, dass die Gewinne oder Aktienkursrenditen im Finanzsektor höher sind als in anderen Wirtschaftssektoren. Das liegt sicher auch an der Heterogenität dieses Sektors. Besonders die angesprochenen Too-Big-To-Fail-Institute könnten höhere Risiken eingehen und damit ökonomische Renten erzielen, während kleinere Kreditinstitute im Falle

---

[76] Vgl. hierzu und im Folgenden HEMMELGARN, IFSt 2011, S. 14 f.
[77] hierzu und im Folgenden HEMMELGARN, IFSt 2011, S. 16.
[78] Vgl. hierzu und im Folgenden BANK FÜR INTERNATIONALEN ZAHLUNGSAUSGLEICH (2010), 80. Jahresbericht der BIZ, S. 86.

einer Insolvenz nicht zwingend von einer Rettung ausgehen können und daher auch geringere Risiken eingehen.

Allerdings gibt es empirische Befunde, dass die Vergütung der Manager in der Finanzbranche weit über dem Durchschnitt liegt. In der Folgeabschätzung der EU-Kommission wird dargelegt, dass die Entlohnung auf Director-Ebene über 40 % höher ist als in anderen Branchen.[79] Das könnte ein Hinweis darauf sein, dass höhere Gewinne zumindest teilweise in höhere Managementgehälter fließen. Eine andere Studie zeigt sogar, dass in den USA 30 bis 50 % des Gehaltsunterschiedes zwischen dem Finanzsektor und den anderen Sektoren auf ökonomische Renten zurückzuführen sind.[80]

Das Argument der Erzielung ökonomischer Renten aufgrund der besonderen Stellung des Finanzsektors kann weder voll bestätigt noch abgelehnt werden. Vermutlich profitieren vor allem systemrelevante Banken von den besonderen Bedingungen im Finanzsektor und sind in der Lage, ökonomische Renten zu erzielen. Aus dieser Sicht müsste bei der Besteuerung dann zwischen der Systemrelevanz der Banken unterschieden werden. Befürwortet man nun die zusätzliche Besteuerung, dann wäre eine Steuer auf die Wertschöpfung eines Finanzunternehmens am ehesten geeignet, da sie den Gewinn und die Summe der Gehälter umfasst. Die Bemessungsgrundlage müsste so bestimmt werden, dass nur die Gewinne und Gehälter über einer zu bestimmenden Normalrendite besteuert werden. Die FTS ist vor diesem Hintergrund nicht zur Besteuerung ökonomischer Renten geeignet, da sie nicht die Wertschöpfung, sondern die Transaktionstätigkeit eines Finanzinstituts besteuert. Sie belastet die Finanzinstitute zwar zusätzlich, leistet aber keine passgenaue Besteuerung.

3.4 UMSATZSTEUERBEFREIUNG VON FINANZDIENSTLEISTUNGEN

Die meisten Dienstleistungen des Finanzsektors sind von der Umsatzsteuer befreit. Daher könnte der Finanzsektor im Verhältnis zu anderen Wirtschaftssektoren unterbesteuert sein. Zu den steuerbefreiten Leistungen gehören gemäß Art.

---

[79] Vgl. EUROPÄISCHE KOMMISSION, SEC(2011) 1102 Vol. 5, S. 21.
[80] Vgl. PHILIPPON/RESHEF, NBER 2009, S. 30.

135 Abs. 1 MwStSystRl Finanzdienstleistungen sowie Leistungen von Versicherungen und Investmentfonds. Daneben erlaubt die MwStSystRl aber auch, dass
die Mitgliedstaaten steuerpflichtigen Personen eine Option zur Umsatzbesteuerung einräumen können.[81]

Der Grund für die Befreiung liegt in dem technischen Problem, bei den meisten
Finanzdienstleistungen keine Bemessungsgrundlage feststellen zu können. Für
viele Finanzdienstleistungen können grundsätzlich keine Preise ermittelt werden,
da die Institute ihre Gewinne über Margen erzielen, wie dem Unterschied zwischen Kredit- und Refinanzierungszins.[82] Ist kein Preis bzw. keine Gegenleistung
feststellbar, fehlt die Voraussetzung zur Ermittlung der Bemessungsgrundlage.
Etwa zwei Drittel aller Finanzdienstleistungen sind margenbasiert und können
daher nicht im herkömmlichen Sinne der Umsatzsteuer unterworfen worden.

Aus der Steuerbefreiung ergibt sich auf den ersten Blick ein Vorteil für den Finanzsektor, der eine zusätzliche Besteuerung rechtfertigen könnte. Die Finanzinstitute müssen keine Umsatzsteuer auf die meisten ihrer Leistungen erheben und
könnten dementsprechend höhere Entgelte bzw. Margen verlangen und auf diese
Weise ihren Gewinn erhöhen. Auf der anderen Seite können sie aber einen großen
Teil der Umsatzsteuer, die sie auf ihre bezogenen Leistungen zahlen müssen,
nicht abziehen, da die entsprechenden Ausgangsumsätze von der Umsatzsteuer
befreit sind. Für die Institute ergibt sich daher das Problem der nicht erstattungs-
fähigen Vorsteuer, was für diese zusätzliche Kosten verursacht. Allerdings sind
Finanzdienstleistungen zumeist sehr personalintensiv, sodass ein großer Teil der
Kosten der Finanzinstitute gar nicht mit Vorsteuer belastet ist. Es ist jedenfalls
strittig, ob die Umsatzsteuerbefreiung tatsächlich einen steuerlichen Vorteil für
die Finanzbranche darstellt. Sollte das nicht der Fall sein, müsste dieses Argument
zur Rechtfertigung zusätzlicher Besteuerung verworfen werden.

Zur Beantwortung der Frage, ob die Umsatzsteuerbefreiung für die Finanzinstitute
vorteilhaft ist, werden nun einschlägige Studien herangezogen. In einer Studie von
PricewaterhouseCoopers aus dem Jahr 2006 wurde festgestellt, dass Finanzinsti-

---

[81] Vgl. EUROPÄISCHE KOMMISSION (2012), Technical Fiche - Tax Contribution of the Financial
Sector, S. 3.
[82] Vgl. hierzu und im Folgenden HEMMELGARN, IFSt 2011, S. 25.

tute zwischen 0 und 74 % ihrer gezahlten Vorsteuer abziehen können.[83] Diese große Bandbreite kann dadurch erklärt werden, dass die Mitgliedstaaten die Regelungen der MwStSystRl unterschiedlich auslegen und Optionen zur Umsatzbesteuerung gestatten. Außerdem spielt der Umfang der Finanzdienstleistungen, der gegenüber Nicht-EU-Kunden erbracht wird, eine Rolle. Leistet ein Finanzinstitut an einen Nicht-EU-Kunden ist der Vorsteuerabzug aus den zugehörigen Eingangsleistungen nämlich zugelassen.[84]

Eine Studie von *de la Feria* und *Lockwood* (2010) enthält Schätzungen für den Anteil der nicht-abziehbaren Vorsteuer des Finanzsektors im Verhältnis zu den gesamten Steuereinnahmen eines Staates. Danach liegen die Anteile beispielsweise in Frankreich bei 0,64 %, in Deutschland bei 0,74 % und in Großbritannien bei 1,48 %.[85] Für Deutschland bedeutete dies im Jahr 2006 ein Steueraufkommen von knapp sieben Mrd. Euro.

Zur vollständigen Beurteilung muss die Mehrbelastung aus nicht-abziehbarer Vorsteuer auf Eingangsseite und Steuerersparnis auf Ausgangsseite zusammengerechnet werden. Dazu liegen einige empirische Studien vor, die die Auswirkungen auf das Steueraufkommen der Mitgliedstaaten geschätzt haben. Die Studien unterliegen natürlich großen Unsicherheiten, da nur eingeschränkt Daten vorliegen und verschiedene Annahmen getroffen werden müssen.

Die empirischen Befunde von *Huizinga* (2002) zeigen, dass die Umsatzsteuerbefreiung von Finanzdienstleistungen zu einem Steuerverlust in Höhe von 0,15 % des BIP der EU-15 führte, was im Jahr 1998 einem Aufkommensverlust in Höhe von 12 Mrd. Euro entsprochen hätte.[86] Rechnet man dies auf die EU-27 Staaten hoch, kommt man zu einem Aufkommensverlust von 18 Mrd. Euro.[87] Die Folgenabschätzung zum Richtlinienvorschlag kommt ebenfalls zu dem Ergebnis, dass

[83] Vgl. PRICEWATERHOUSECOOPERS (2006), Study to Increase the Understanding of the Economic Effects of the VAT Exemption for Financial and Insurance Services, S. 42.
[84] Siehe Art. 169c MwStSystRl.
[85] Vgl. DE LA FERIA/LOCKWOOD (2010), Opting for Opting In? An Evaluation of the European Commission's Proposals for Reforming VAT on Financial Services, S. 35.
[86] Vgl. HUIZINGA, Economic Policy 2002, S. 497-534.
[87] Vgl. EUROPÄISCHE KOMMISSION (2012), Technical Fiche - Tax Contribution of the Financial Sector, S. 4.

der EU durch die Umsatzsteuerbefreiung Steuereinnahmen in Höhe von 0,15 % des BIP entgehen.[88]

Neben den genannten Studien haben noch einige Mitgliedstaaten versucht, die Aufkommensverluste durch die Steuerbefreiung für Finanzdienstleistungen für den eigenen Staatshaushalt zu berechnen. Zum Beispiel schätzte Großbritannien den Steuerverlust auf 0,31 % des BIP im Jahr 2009 und Dänemark stellte für das Jahr 2006 Aufkommensverluste in Höhe von 0,15 % des BIP fest.[89] Die bisherigen empirischen Ergebnisse zeigen, dass die Umsatzsteuerbefreiung für den Finanzsektor steuerliche Vorteile bringen.

Eine Studie von *PricewaterhouseCoopers* in Zusammenarbeit mit *Lockwood* aus dem Jahr 2011 stellt jedoch das Gegenteil fest. Berechnungen auf Basis der Daten, die die EU-Kommission in der Folgenabschätzung nutzte, zeigen danach, dass keine materiellen Steuerzuwächse zu erwarten wären, wenn Bankdienstleistungen voll der Umsatzsteuer unterworfen werden.[90] Dies liegt insbesondere daran, dass in dieser Studie andere Annahmen getroffen wurden als in der Folgenabschätzung. Nach ihren Berechnungen wären in vier von acht untersuchten Jahren (2000 - 2007) sogar Steuerverluste zu erwarten gewesen. In einer weiteren Schätzung auf Basis alternativer Eurostat-Daten kommen die Autoren sogar zu dem Schluss, dass sich eine Verminderung des Steueraufkommens um durchschnittlich etwa sieben Mrd. Euro pro Jahr ergeben hätte.

Insgesamt kann also keine eindeutige Aussage getroffen werden, ob die Umsatzsteuerbefreiung für den Finanzsektor eine steuerliche Erleichterung darstellt und er in diesem Sinne unterbesteuert ist. Die Studienergebnisse hängen zu einem großen Teil von den getroffenen Annahmen ab und unterliegen daher einer gewissen Unsicherheit. Nimmt man nun an, dass der Finanzsektor durch die Umsatzsteuerbefreiung im Vergleich zu anderen umsatzsteuerpflichtigen Wirtschaftszweigen unterbesteuert ist, wäre eine zusätzliche Besteuerung gerechtfertigt. Un-

---

[88] Vgl. EUROPÄISCHE KOMMISSION, SEC(2011) 1102 Vol. 6, S. 4.
[89] Vgl. HM TREASURY (2008), Tax ready reckoner and tax reliefs, S. 18; vgl. RIGSREVISIONEN (2007), Report to the Public Accounts Commitee on transparency of tax expenditures, S. 29.
[90] Vgl. hierzu und im Folgenden PRICEWATERHOUSECOOPERS/LOCKWOOD (2011), How the EU VAT exemptions impact the Banking Sector, S. 6.

abhängig davon wäre alleine schon aus Effizienzgründen eine gleichmäßige Besteuerung aller Wirtschaftssektoren sinnvoll.

Die vorgeschlagene FTS eignet sich allerdings nicht als Ersatz der Umsatzsteuer, da sie auf *Brutto*transaktionswerte angewendet wird und viele Finanzdienstleistungen wie die Kreditvergabe explizit von der Besteuerung ausnimmt. Selbst wenn sie alle Finanzdienstleistungen besteuern sollte, würde das technische Problem bei der Ermittlung der Bemessungsgrundlage bestehen bleiben. Sie ist daher eher als Ergänzung zur Umsatzsteuer zu sehen. Vielmehr geeignet wäre eine Cash-Flow-Steuer, die Einzahlungen als steuerpflichtig und Auszahlungen als abzugsfähig behandelt.[91]

3.5   FAZIT

Die vier vorgestellten Argumente werden in der Diskussion um die zusätzliche Besteuerung des Finanzsektors am häufigsten genannt. Auch die EU-Kommission hatte diese zur Begründung des FTS-Vorschlags aufgegriffen. Die Ergebnisse der hier durchgeführten Beurteilung lassen aber nicht immer eindeutige Schlüsse zu, ob die genannten Gründe eine zusätzliche Besteuerung rechtfertigen.

Die Studienergebnisse sind teilweise widersprüchlich bei der Diskussion um die Unterbesteuerung des Finanzsektors aufgrund der Umsatzsteuerbefreiung und der Erzielung ökonomischer Renten. Außerdem können aus wissenschaftlicher Sicht keine evidenten Aussagen getroffen werden, ob der Sektor an den Krisenkosten beteiligt werden soll. Daneben gibt es aber auch einige stichhaltige Argumente dafür, dass die Besteuerung von Finanztransaktionen zur Stabilität und Effizienz im Finanzsystem beitragen könnte. Die FTS ist gewiss nicht in der Lage, die effektive Regulierung durch entsprechende Aufsichtsbehörden und gesetzliche Anforderungen zu ersetzen, das wäre von einer Steuer aber auch zu viel verlangt. Es ist daher auch eine Frage des Standpunkts und der persönlichen Gesinnung, ob man die zusätzliche Besteuerung der Finanzbranche befürwortet. Das Steuersystem hat sich so entwickelt, dass man die Umsatzsteuerbelastung von Gütern und Dienstleistungen für selbstverständlich hält, obwohl dadurch lebensnotwendige Leistungen verteuert werden und jeder Bürger unabhängig von seinen Einkom-

---

[91] Vgl. HEMMELGARN, IFSt 2011, S. 28.

mensverhältnissen belastet wird. Da erscheint es kurios, dass der Handel von Finanzprodukten, von dem tendenziell höhere Einkommensgruppen profitieren, von der Besteuerung gänzlich ausgenommen ist.

Als Instrument zur Eindämmung schädlicher Transaktionen wäre eine FTS am ehesten geeignet, da sie die entsprechenden Finanztransaktionen direkt belastet. Für die anderen genannten Gründe – Beteiligung an den Kosten der Krise, Besteuerung ökonomischer Renten und Umsatzsteuerbefreiung von Finanzdienstleistungen – könnten dagegen auch andere Steuern herangezogen werden. Für die Besteuerung ökonomischer Renten wäre eine Steuer auf die Wertschöpfung eher geeignet als eine FTS, da sie in dieser Hinsicht passgenauer wirkt. Eine zweckmäßige Alternative für die Umsatzsteuer auf Finanzdienstleistungen wäre dagegen eine Cash-Flow-Steuer, die die Differenz zwischen Einzahlungen und Auszahlungen besteuert und somit einen ähnlichen steuerlichen Effekt hätte wie die Umsatzsteuer. Die Einführung einer FTS führt gewiss zu einer zusätzlichen Belastung des Finanzsektors und beteiligt diesen auch an den Kosten der Krise. Allerdings ist noch unklar, inwieweit die Finanzinstitute dazu in der Lage sein könnten, die FTS zu überwälzen, um ihre effektive steuerliche Belastung zu vermindern. Dies wird unter anderem ein Thema des nächsten Kapitels sein.

4. Betriebswirtschaftliche Folgen der Implementierung einer Finanztransaktionssteuer

4.1 Auswirkungen auf das Verhalten der Marktteilnehmer

Die Einführung einer FTS erhöht die Transaktionskosten um den jeweils anfallenden Steuerbetrag und verteuert somit den Handel mit Finanzprodukten. Die Steuer wirkt sich dadurch direkt und indirekt auf das Verhalten der Marktteilnehmer aus. Grundsätzlich ist abhängig von der Elastizität des gehandelten Produkts und den Marktbedingungen von einer Reduzierung des Handelsvolumens auszugehen.

Die von der EU vorgeschlagene FTS belastet als Bruttoumsatzsteuer jeden Kauf und Verkauf eines Finanzprodukts ohne den Abzug vorher gezahlter Steuern. Fließt die gezahlte FTS nun mit in den Transaktionspreis ein, entwickelt sich eine Kaskadenwirkung, die umso stärker ausfällt, je häufiger das Produkt weiterverkauft wird. Darüber hinaus kumuliert sich die FTS über die Anzahl der Handelsstufen, da bei jeder Transaktion Steuern anfallen. Häufig gehandelte Finanzprodukte werden daher stärker belastet. Das hat den Effekt, dass der kurzfristige Handel durch die höhere steuerliche Belastung an Profitabilität einbüßt und sich die Handelsvolumina entsprechend vermindern würden. Folgerichtig wird die Eindämmung von kurzfristigen Spekulationsgeschäften und des Hochfrequenzhandels erwartet, der auf dem massenhaften Handel mit geringen Gewinnmargen basiert.[92] Von diesem Rückgang sind allerdings auch kurzfristige Handelsgeschäfte betroffen, die für das Finanzsystem und die Realwirtschaft nützlich und sinnvoll sind. Daher kann man Transaktionen nicht pauschal in nützliche, langfristige und in schädliche, kurzfristige Transaktionen trennen. Es gibt gewiss auch Finanzinstrumente mit langen Haltedauern, die der Effizienz und Stabilität des Finanzmarktes nicht zuträglich sind, und die infolge der vergleichsweise geringeren steuerlichen Belastung an Attraktivität hinzugewinnen könnten.

Die EU geht in ihren Schätzungen zum Steueraufkommen der FTS davon aus, dass sich die Handelsvolumina von Wertpapieren um 15 % und von Derivaten um

---

[92] Vgl. Kapitel 3.2.

75 % reduzieren werden.[93] Der Rückgang auf dem Derivatemarkt wird deshalb so hoch eingeschätzt, weil der Handel meist kurzfristig ist und mit Anpassungseffekten in Bezug auf die Nominalwerte (=Bemessungsgrundlage) gerechnet wird.

Es ist anzunehmen, dass die Finanzinstitute versuchen würden, die fällige FTS auf ihre Kunden zu überwälzen.[94] Sollte dies gelingen, sind nicht nur die Finanzinstitute selbst, sondern auch andere Unternehmen und Privatpersonen von der FTS betroffen. Das Verhalten der betroffenen Unternehmen würde sich vermutlich dahingehend verändern, dass die Investments in das Finanzvermögen langfristiger und nachhaltiger ausgestaltet werden. Es wird darauf ankommen, welche steuerlichen Belastungen der Handel mit verschiedenen Finanzinstrumenten nach sich zieht. Einige Instrumente laufen nach kurzer Zeit aus, wie zum Beispiel die meisten Derivate.[95] Staats- oder Unternehmensanleihen laufen häufig mehrere Jahre lang und werden am Ende der Laufzeit beglichen. Andere Finanzinstrumente haben keine Ablaufzeit und können dauerhaft gehalten werden, wie zum Beispiel Aktien. Der steuerliche Vorteil lang haltender Investments geht gleichwohl verloren, wenn entgegen der ursprünglichen Intention bereits nach kurzer Zeit wieder verkauft wird oder das Finanzvermögen einer hohen Umschlaghäufigkeit unterliegt. Die steuerliche Belastung ist am geringsten, wenn die Finanzinstrumente möglichst lange Nutzen bringen können und bis zum Ende der Laufzeit gehalten werden.

Das Verhalten der betroffenen Unternehmen und Finanzinstitute wird sich aber nur verändern, sofern die FTS bei einer Transaktion ins Gewicht fällt bzw. als wesentliche Belastung angesehen wird. Wenn die FTS nur einen sehr geringen Teil der Kosten einer bestimmten Transaktion ausmacht, werden sich die Anpassungen auf diese Art von Transaktionen in Grenzen halten.

Nach der Einführung einer FTS würden sich voraussichtlich einige Geschäftsmodelle in der Finanzbranche verändern. Gegenwärtig ist das sogenannte *Proprietary Trading* vorherrschend.[96] Das bedeutet, dass jedes Finanzinstitut in einer Transak-

---

[93] Vgl. Kapitel 2.3.
[94] Vgl. hierzu die Ausführungen in Kapitel 4.2.
[95] Vgl. hierzu und im Folgenden SCHULMEISTER, WIFO 2009, S. 13.
[96] Vgl. hierzu und im Folgenden EUROPÄISCHE KOMMISSION (2012), Technical Fiche - Relocation, Substitution and other Market Reactions, S. 4.

tionskette in seinem eigenen Namen und auf eigene Rechnung handelt und das Finanzinstrument in der Zeit vom Kauf bis zum Verkauf im Eigentum des jeweiligen Instituts steht. Häufig werden Finanzprodukte über solche Transaktionsketten an den Endabnehmer weiterverkauft. Bei der gegenwärtig üblichen Praxis des Proprietary Trading würde jeder Kauf und Verkauf in dieser Kette als einzelne Transaktion betrachtet und dementsprechend FTS anfallen.

Dazu ein anschauliches Beispiel: Ein Privathaushalt möchte über seine Privatkundenbank ein Wertpapier für sein Depot erwerben. Das Wertpapier wird dabei über drei Finanzinstitute (Broker, Großbank und Privatkundenbank) bis zum Privathaushalt weiterveräußert. Nach der von der EU-Kommission vorgeschlagenen FTS würde bei jeder Transaktion zwischen den Instituten zweimal FTS anfallen und bei der Transaktion mit dem Privathaushalt einmal, insgesamt also fünfmal. Bei einem Steuersatz von 0,1 % pro Kauf/Verkauf entspräche das einem effektiven FTS-Satz von 0,5 %. Die steuerliche Belastung ist damit fünfmal höher, als wenn das erste Institut der Kette direkt an den Privathaushalt verkauft hätte. Aufgrund der hohen FTS-Belastung des Proprietary Trading in Transaktionsketten könnte sich die Praxis dahingehend ändern, dass wie beim klassischen Brokering im Namen und/oder auf Rechnung anderer Finanzinstitute vermittelt wird. Da solche Transaktionen von der FTS nicht erfasst werden, würde die steuerliche Belastung so ausfallen, als hätte das erste Finanzinstitut der Kette direkt an den Privathaushalt verkauft, nämlich 0,1 %. Der wirtschaftliche Zweck der Transaktion, also der Erwerb des Wertpapiers durch den Endabnehmer, bliebe erhalten. Das steuerpflichtige Handelsvolumen würde durch die Änderung der Geschäftspraxis entsprechend zurückgehen.

Ein weiterer Anpassungseffekt, der von den Marktteilnehmern zu erwarten ist, bezieht sich auf den Derivatehandel. Die geplante EU-FTS bezieht sich bei Derivaten auf den Nominalwert als Bemessungsgrundlage.[97] Aus diesem Grund haben die Marktteilnehmer den Anreiz, den Nominalwert ihrer Derivatgeschäfte zu verringern.

---

[97] Vgl. Kapitel 2.2.

Der Nominalwert spiegelt nicht immer den ökonomischen Wert eines Derivatkontraktes wider.[98] Er ist um ein Vielfaches höher als der Kapitaleinsatz bzw. die zu zahlenden Prämien. Um eine übermäßige Belastung von Derivatkontrakten zu vermeiden, wurde ein Steuersatz von 0,01 % vorgeschlagen - ein Zehntel des Steuersatzes, der für alle anderen Finanztransaktionen gilt. Bei Derivaten spielt der Hebeleffekt eine große Rolle: Der Hebel ist das Verhältnis von Nominalwert zu Kapitaleinsatz. Für die Marktteilnehmer sind nun solche Derivate steuerlich vorteilhaft, bei denen der Hebeleffekt weniger als 10 beträgt, das heißt bei denen der Kapitaleinsatz mehr als 10 % des Nominalwerts ausmacht, da die FTS im Vergleich zum Kapitaleinsatz geringer ausfällt. Im Umkehrschluss sind Derivate dann weniger attraktiv, wenn der Hebeleffekt größer als 10 ist und der Kapiteleinsatz damit weniger als 10 % des Nominalwerts beträgt.

Für die Unternehmen werden in erster Linie solche Derivate aus steuerlicher Sicht unattraktiver, die sehr kleine Risiken absichern und daher nur einen sehr geringen Kapitaleinsatz im Vergleich zum Nominalwert erfordern. Hauptsächlich mit diesen Derivaten wird häufig Spekulation betrieben: Ein Investor kann durch sie mit wenig Kapitaleinsatz, aber geringer Wahrscheinlichkeit sehr hohe Summen gewinnen. Aufgrund der steuerlichen Benachteiligung könnten solche spekulativen Derivate an Attraktivität verlieren und das Handelsvolumen zurückgehen. Dies wäre ein positiver Effekt auf die Stabilität der Finanzmärkte und würde das im Finanzsystem inhärente Risiko vermindern.

Die FTS würde aber nicht nur den Handel mit Wertpapieren und die Nutzung von Derivaten beeinflussen, sondern auch die Finanzierungsmöglichkeiten der Unternehmen. Die durch die Steuer gestiegenen Transaktionskosten würden sich voraussichtlich in gestiegenen Finanzierungskosten niederschlagen.[99] Zum einen könnte die Fremdfinanzierung für Unternehmen teurer werden. Zum anderen ist anzunehmen, dass die Aktienkurse sinken und die Ausgabepreise von Aktien generell niedriger werden. Die Finanzierung würde sich für Unternehmen also erschweren und hätte damit negative Effekte auf die Investitionstätigkeit der Realwirtschaft. Davon ist insbesondere die Finanzierung über Aktien und Anleihen,

---

[98] Vgl. hierzu und im Folgenden EUROPÄISCHE KOMMISSION (2012), Technical Fiche - Relocation, Substitution and other Market Reactions, S. 6.
[99] Vgl. hierzu und im Folgenden HEMMELGARN, IFSt 2011, S. 41.

indirekt aber auch die Kreditfinanzierung betroffen, weil die Banken versuchen könnten, die Steuer über höhere Zinsen zu überwälzen.

Der Effekt auf Aktienkurse und Anleihen lässt sich dadurch erklären, dass die Marktteilnehmer die Steuerzahlungen zukünftiger Transaktionen beim Handel berücksichtigen und den Nettobarwert der Steuer vom Wert des Wertpapiers abziehen. Folglich sinken die Preise auf den Wertpapiermärkten bzw. die Marktteilnehmer fordern höhere Renditen, um die Steuerzahlungen auszugleichen. Für Unternehmen, die sich über Wertpapiere finanzieren, steigen daher die Kapitalkosten, entweder weil sie höhere Dividenden zahlen müssten, um den Aktienkurs konstant zu halten oder weil sie einen Kursverlust erleiden. Das würde sich dann u. a. durch einen niedrigeren Ausgabepreis am Primärmarkt ausdrücken, wenn ein Unternehmen neues Kapitel aufnehmen möchte.

Die Erhöhung der Finanzierungskosten betrifft natürlich auch die Staatsfinanzierung. Die am Finanzmarkt geforderten Zinsen von Staatsanleihen würden steigen, weil die Investoren die Kosten der Steuer einberechnen. Das ist zurzeit insbesondere für einige Staaten der Eurozone kritisch zu sehen, die am Finanzmarkt Schwierigkeiten haben, neue Finanzmittel zu ertragbaren Zinsen zu bekommen.

In einer Studie hat *Matheson* (2011) den Effekt einer Wertpapier-Transaktionssteuer (securities transactions tax) auf Aktienpreise und Kapitalkosten analysiert. Die Ergebnisse sind auf die hier besprochene FTS übertragbar.[100] Danach wirkt sich die Steuer für Unternehmen wie eine dauerhafte Erhöhung des Diskontierungssatzes aus. Das heißt, sie führt zu einer Verminderung der Wertpapierkurse bzw. zu einer Erhöhung der Kapitalkosten. Der Effekt auf die Wertpapiere ist umso geringer, je länger die Haltedauer ist. Die Preise häufig gehandelter Aktien und Anleihen mit kurzen Haltedauern sinken stärker und die Kapitalkosten steigen dementsprechend stärker an. Da Unternehmensanleihen gewöhnlich weniger häufig gehandelt werden als Aktien, könnte die Fremdfinanzierung über Anleihen vergleichsweise günstiger werden. Im Vergleich könnte besonders die Kreditfinanzierung an Attraktivität gewinnen, weil diese nicht durch die FTS belastet wird.

---

[100] Vgl. hierzu und im Folgenden MATHESON, IMF 2011, S. 14-16.

Eine empirische Studie zur britischen Stempelsteuer, einer Transaktionssteuer auf die Aktien britischer Unternehmen, zeigt, dass die Verminderung des Steuersatzes um 50 % im Jahre 1986 zu höheren Aktienpreisen führte, insbesondere bei häufig gehandelten Aktien.[101] Die Autoren prognostizieren, dass die Aktienkurse um 2,5 bis 6,3 % steigen würden, wenn die zurzeit bestehende Stempelsteuer von 0,5 % abgeschafft wird. Die Werte häufig gehandelter Aktien würden überdurchschnittlich stark steigen. Eine Studie von *Oxera* (2007) zeigt darüber hinaus, dass die Kapitalkosten der gelisteten Unternehmen bei Wegfall der Stempelsteuer um 0,66 bis 0,8 Prozentpunkte sinken könnten.[102] *Schwert* und *Seguin* schätzen in einer weiteren Studie, dass die Einführung einer Wertpapiertransaktionssteuer in den USA mit einem Steuersatz von 0,5 % die Kapitalkosten um 0,1 bis 1,8 Prozentpunkte erhöhen würde.[103] Die empirischen Ergebnisse decken sich also mit den theoretischen Überlegungen.

4.2 STEUERINZIDENZ UND VERTEILUNGSEFFEKTE

Nach dem Willen der EU-Kommission soll die FTS die Transaktionstätigkeit der Finanzinstitute belasten. Diese sollen die Steuer tragen und abführen. Andernfalls ließe sich das Ziel der Beteiligung des Finanzsektors an den Kosten der Krise nicht erreichen. Die rechtliche Inzidenz kann aber von der ökonomischen Inzidenz abweichen, wenn die Steuerdestinatare die Möglichkeit haben, die Steuer auf ihre Kunden zu überwälzen. In diesem Fall könnten entgegen der ursprünglichen Intention nicht nur die Finanzinstitute, sondern auch andere Gruppen mit der Steuer belastet werden.

Die Steuerinzidenz hängt im Wesentlichen von der Elastizität der Steuerobjekte und den Marktbedingungen ab. Eine hohe Preiselastizität bedeutet, dass die Nachfrage nach einem Produkt infolge einer Preiserhöhung stark abnimmt. Die Möglichkeit zur Steuerüberwälzung ist dann sehr begrenzt. Geringe Elastizitäten erleichtern den Finanzinstituten die Überwälzung der Steuer auf ihre Kunden. Die Elastizitäten der besteuerten Finanzinstrumente hängen u. a. von der Nachfrage auf dem jeweiligen Markt ab. Die Steuerinzidenz kann deshalb in Bezug auf die Region unterschiedlich ausfallen. Eine empirische Studie zum Aktienhandel auf

---

[101] Vgl. hierzu und im Folgenden BOND/HAWKINS/KLEMM, IFS 2004, S. 15-18.
[102] Vgl. OXERA (2007), Stamp Duty: Its impact and the benefits of its abolition, S. 15.
[103] Vgl. SCHWERT/SEGUIN, FAJ 1993, S. 31.

dem Spotmarkt zeigt, dass die Elastizitäten in den untersuchten Staaten sehr variieren: Die Bandbreite der Elastizitäten reicht von 0,5 in Großbritannien bis zu 1,3 in Finnland.[104] Es wird erwartet, dass die Elastizitäten in Staaten mit bedeutenden Finanzzentren geringer sind, weil der Vorteil der Agglomerationseffekte überwiegt und die Ausweichung auf andere Märkte unattraktiver wäre.

Die Elastizitäten von Finanzprodukten unterscheiden sich auch unabhängig von dem jeweiligen Markt, auf dem sie gehandelt werden. So zeigen empirische Untersuchungen, dass der Devisenhandel weniger elastisch ist als der Aktienhandel.[105] Der Handel mit Finanzinstrumenten, die nur geringe Gewinnmargen haben, würde sich durch die Implementierung einer FTS stärker vermindern als der Handel mit hoch profitablen Finanzinstrumenten. Letzterer reagiert also weniger elastisch und bietet für die Finanzinstitute daher Spielräume zur Steuerüberwälzung. Das gilt auch für den langfristig orientierten Handel, da dieser durch die Steuer weniger belastet wird und sich dementsprechend weniger vermindert als der kurzfristig orientierte Handel.

Es ist wahrscheinlich, dass die Finanzinstitute die Steuer - abhängig vom Produkttyp, der Region und den Marktbedingungen - zumindest teilweise überwälzen, wenngleich man aufgrund fehlender empirischer Erkenntnisse keine genaueren Aussagen darüber treffen kann. Angesichts des erwarteten Einbruchs beim Derivatehandel (75 %) und des bedeutsamen Rückgangs im Wertpapierhandel (15 %) scheinen sich die Möglichkeiten der Vollüberwälzung aufgrund der hohen Elastizitäten aber in Grenzen zu halten.[106] Zur Beurteilung der Verteilungseffekte der FTS ist eine Analyse dahingehend notwendig, welche Gruppen von einer möglichen Steuerüberwälzung betroffen sein könnten. Dafür sollte zunächst untersucht werden, inwieweit Akteure außerhalb des Finanzsektors am Finanzmarkt handeln.

Die Bank für Internationalen Zahlungsausgleich (BIZ) hat für diese Untersuchung nützliche Daten veröffentlicht. Daraus geht hervor, dass etwa 87 % des gesamten globalen Devisenhandels von Finanzinstitutionen getätigt wird.[107] Nur 13 % des

---

[104] Vgl. hierzu und im Folgenden EUROPÄISCHE KOMMISSION, SEC(2011) 1102 Vol. 10, S. 55 f.
[105] Vgl. hierzu und im Folgenden EUROPÄISCHE KOMMISSION, SEC(2011) 1102 Vol. 10, S. 57-61.
[106] Vgl. Kapitel 2.3.
[107] Vgl. hierzu und im Folgenden BANK FÜR INTERNATIONALEN ZAHLUNGSAUSGLEICH (2010), Triennal Central Bank Survey, S. 9; EUROPÄISCHE KOMMISSION, SEC(2011) 1102 Vol. 13, S. 3 f.

Handelsvolumens machen Transaktionen mit nicht-finanziellen Unternehmen aus. Betrachtet man noch weitere Produktgruppen auf den Finanzmärkten, kommt man zu dem Ergebnis, dass etwa 11-13 % des Handels von Akteuren aus dem Nicht-Finanzsektor getätigt wird. Das bedeutet, dass die Überwälzungsmöglichkeiten der Finanzinstitute auf Kunden außerhalb des Finanzsektors vergleichsweise gering sind, wenn man einzig den Handel am Finanzmarkt betrachtet. Die Steuer könnte größtenteils nur auf andere Finanzinstitute überwälzt werden, was durchaus zur Zielerreichung der FTS beitragen würde.

Die folgende Abbildung zeigt Beobachtungen am Aktienmarkt aus dem Jahre 2007. Daraus geht hervor, dass Finanzinstitute 27 % des Aktienvermögens der in Europa gelisteten Unternehmen halten. Unter den Investoren außerhalb Europas, die 37 % halten, können sich ebenfalls noch Akteure aus der Finanzbranche befinden. Daneben hält der öffentliche Sektor 5 %, Privatleute und Haushalte 14 % und private nicht-finanzielle Unternehmen 17 % des Aktienvermögens (insgesamt 36 %).

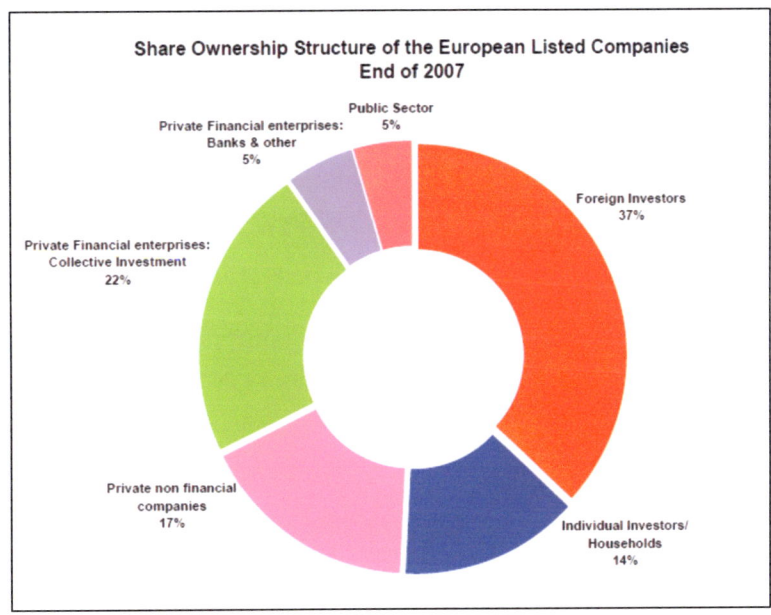

ABBILDUNG 3: VERTEILUNG DER AKTIEN VON IN EUROPA GELISTETEN UNTER-
NEHMEN, ENDE DES JAHRES 2007[108]

---

[108] Quelle: FEDERATION OF EUROPEAN SECURITIES EXCHANGES (2008), Share Ownership Structure in Europe, S. 8.

Wenn letztgenannte Gruppen mit diesen Aktien handeln, dann wohl überwiegend über Finanzinstitute. Für diese bietet sich dann die Gelegenheit, die FTS bei jeder Transaktion zu überwälzen. Auf diesem Wege könnten Marktteilnehmer außerhalb des Finanzsektors bereits mit FTS belastet werden.

In der Regel wird argumentiert, dass eine FTS progressiv wirkt, weil sie eher einkommensstärkere Haushalte und Finanzunternehmen belastet, da diese den Finanzmarkt stärker in Anspruch nehmen.[109] Mittlere und niedrige Einkommensgruppen beteiligen sich gewöhnlich nicht oder nur geringfügig am Handel mit Finanzprodukten, sodass sie kaum von der Steuer betroffen sein sollten. Die Überwälzung der FTS auf diese Gruppen über deren Transaktionstätigkeit scheint daher keine große Rolle zu spielen. Allerdings besteht das Geschäftsmodell von Finanzinstituten, insbesondere Banken und Versicherungen, nicht einzig im Handel am Finanzmarkt. Folglich bieten sich für diese Institute noch andere Möglichkeiten der Steuerüberwälzung, zum Beispiel im Versicherungs- und Kreditgeschäft mit Privat- und Firmenkunden.

Banken nehmen mit ihrer Transformationsfunktion, das heißt der Umwandlung von kurzfristigen Einlagen in langfristige Kredite, in der Wirtschaft eine zentrale und essentielle Rolle ein. Um diese Funktion zu erfüllen, tätigen die Banken zahlreiche Transaktionen im Interbankenmarkt. Die FTS könnte die Transformationsfunktion daher verteuern und auf diese Weise auch Haushalte mit geringem oder mittlerem Einkommen sowie kleine und mittlere Unternehmen belasten - zum Beispiel über höhere Kreditzinsen, niedrigere Sparzinsen oder allgemein höhere Preise für Dienstleistungen. Versicherungen könnten als Folge der FTS-Belastung beispielsweise ihre Prämien erhöhen. In diesen Fällen sind auch solche Unternehmen und Haushalte von der Steuer betroffen, die selbst gar nicht am Finanzmarkt handeln.

Neben den bereits genannten Fällen können private Haushalte auch über die Inanspruchnahme von Pensionsfonds und Lebensversicherungen mit der Steuer belastet werden. Die Sparer zahlen in die Fonds bzw. Versicherungsunternehmen Beiträge ein, die diese gewinnbringend am Kapitalmarkt anlegen sollen, um höhere

---

[109] Vgl. hierzu und im Folgenden HEMMELGARN, IFSt 2011, S. 43 f.

Endwerte zu erzielen bzw. den Garantiezins zu erwirtschaften. Wird die Transaktionstätigkeit der Fonds und Versicherungen nun steuerlich belastet, kann dies negative Auswirkungen auf die Altersvorsorge der privaten Haushalte haben, indem die Renditen sinken und zukünftige Rentenzahlungen geringer ausfallen. Davon wären nahezu alle Einkommensklassen betroffen. Generell birgt das Thema erhebliche politische Brisanz, da die private Altersvorsorge in den meisten europäischen Volkswirtschaften eine enorme Bedeutung hat. Die Inanspruchnahme privater Pensionsfondsysteme ist politisch gewollt und wird häufig gefördert, weil die staatliche Rentenversorgung in Zukunft vielfach nicht mehr als alleinige Vorsorge für das Alter ausreichen wird. Die Inanspruchnahme privater Pensionsfonds ist daher für Millionen von Bürgern in der EU ein elementarer Bestandteil der eigenen Altersvorsorge. Aufgrund der heiklen Thematik wurden hierzu Studien in Auftrag gegeben, die die Auswirkungen der FTS auf Pensionsfonds untersuchen sollen.

Während öffentliche Altersvorsorgesysteme von der FTS ausgenommen sind, unterliegen alle privaten Pensionsfonds der Besteuerung, darunter auch staatlich geförderte Fonds (z. B. Riesterverträge).[110] Die Einführung einer FTS würde solche Fonds stärker belasten, die häufig und kurzfristig handeln und dementsprechend hohe Umschlaghäufigkeiten aufweisen (sog. aktive Strategie).[111] Die Steuer begünstigt dagegen Fonds, die langfristig investieren und hohe Haltedauern haben (sog. Buy and Hold-Strategie). Letztere müssen sich aufgrund ihrer langfristigen Strategie zwar mittels Derivaten gegen fallende Preise absichern. Der steuerliche Vorteil bleibt aber dennoch erhalten, insbesondere wenn die FTS einen positiven Einfluss auf die Volatilität im Finanzsystem entwickeln und damit die Vorsehbarkeit der Preise erhöhen sollte.

Das DIW hat in einer Beispielrechnung die steuerlichen Vorteile eines Fonds mit Buy and Hold-Strategie im Vergleich zu einer aktiven Strategie anschaulich dargestellt.[112] Bei einer jährlichen Ansparsumme von 1.200 Euro würde sich das Endvermögen bei einer langfristigen Strategie nach Abzug der Verwaltungskosten

---

[110] Vgl. DIW BERLIN (2012), Finanztransaktionssteuer, S. 32.
[111] Vgl. hierzu und im Folgenden EUROPÄISCHE KOMMISSION (2012), Technical Fiche - Pension funds in the context of the FTT proposal, S. 9 f.
[112] Vgl. hierzu und im Folgenden DIW BERLIN (2012), Finanztransaktionssteuer, S. 34 f.

nach 40 Jahren auf 102.004 Euro belaufen, wenn ein Viertel des gesamten Portfolios einmal im Jahr umgeschlagen wird. Der tatsächlich gezahlte Steuerbetrag würde 850 Euro betragen. Wird das Portfolio dagegen zweimal komplett umgeschlagen, läge der Endwert bei 93.455 Euro und der Steuerbetrag bei über 14.000 Euro. Auch wenn die Steuerbelastung nur einen geringen Teil der gesamten Verwaltungskosten eines Fonds ausmacht, zeigt die Beispielrechnung den erheblichen Unterschied zwischen beiden Strategien. Es ist anzunehmen, dass die Fonds versuchen werden, die FTS auf die Kunden zu überwälzen. Bei niedrigem Umschlag ergäbe sich für die Sparer eine kaum nennenswerte Belastung durch die FTS, bei häufigem Umschlag dagegen schon.

Aus diesem Grund wäre es wichtig für Sparer, transparent zwischen verschiedenen Fondsanbietern und Anlagestrategien wählen zu können, um die steuerliche Belastung ihrer Altersvorsorge gering zu halten. Dies kann dazu führen, dass sich Pensionsfonds zunehmend in Richtung langfristig orientierter Strategien bewegen werden. Nach einer Studie der OECD hätte das sogar weitere positive Effekte, da eher konservative Investmentstrategien bei Pensionsfonds überlegene Ergebnisse zeigen.[113] Im Ergebnis werden die privaten Haushalte, die zur Altersvorsorge in private Pensionsfonds einzahlen, voraussichtlich durch die FTS belastet. Diese Belastung kann dabei je nach Fondsstrategie sehr unterschiedlich ausfallen. Für Sparer mit bereits bestehenden Verträgen mit Pensionsfonds ergibt sich das Problem, nicht mehr zwischen den Anbietern bzw. Strategien wählen zu können, sodass sie gegebenenfalls mit zu hohen Belastungen konfrontiert werden könnten.

4.3   MÖGLICHKEITEN DER STEUERVERMEIDUNG

Die Einführung einer indirekten Steuer birgt stets die Gefahr, dass Ausweichreaktionen zu Vermeidung der Steuer eintreten. Im Hinblick auf die FTS könnten die Ausweichreaktionen dergestalt aussehen, dass Finanzinstitute und andere betroffene Unternehmen territoriale Verlagerungen vornehmen oder auf Transaktionen mit nicht besteuerten Produkten umsteigen bzw. den Handel mit besteuerten Produkten einstellen.

---

[113] Vgl. OECD (2011), Pension Markets in Focus, S. 16.

Zunächst werden die Ausweichmöglichkeiten auf Produktebene untersucht. Diese ergeben sich immer dann, wenn von der FTS betroffene Finanzinstrumente durch andere Produkte substituiert werden können, die nicht der Steuer unterliegen. Der Richtlinienentwurf sieht Steuerbefreiungen für Transaktionen auf Primärmärkten wie die Erstausgabe von Aktien, Schuldverschreibungen und Staatsanleihen vor. Daneben sind für Bürger und Unternehmen wichtige Finanztätigkeiten von der Besteuerung ausgenommen. Dazu gehören u. a. der Abschluss von Versicherungsverträgen, Hypothekendarlehen, Verbraucherkrediten und Zahlungsdiensten. Währungstransaktionen werden ebenfalls nicht mit der FTS belastet.

Für Unternehmen besteht durch die Befreiung der Kreditfinanzierung der Anreiz, die Unternehmensfinanzierung dahingehend umzustellen, dass mehr Kredite in Anspruch genommen werden. Des Weiteren könnten RePo-Geschäfte, die aus dem Verkauf und anschließendem Rückkauf von Anleihen bestehen, durch ökonomisch ähnliche Transaktionen ersetzt werden.[114] Die Anleihen könnten zum Beispiel nur als Sicherheit genutzt werden, um den Zweck eines RePo-Geschäfts, nämlich die Ausleihe und Anleihe von Zentralbankgeld, zu erreichen. Da die Anleihen in diesem Fall nicht verkauft und rückgekauft werden müssten, würde man die FTS umgehen. Generell ist davon auszugehen, dass die Finanzinstitute bei der Entwicklung neuer Geschäftsmodelle versuchen werden, die Steuerbelastung möglichst gering zu halten.

Abgesehen von den genannten Steuerbefreiungen sieht die vorgeschlagene FTS einen sehr umfassenden sachlichen Anwendungsbereich vor, sodass sich die Ausweichmöglichkeiten auf Produktebene in Grenzen halten dürften. Die Ausführungen im Richtlinienentwurf der EU-Kommission machen deutlich, dass die Gefahr der Steuerumgehung auf Produktebene erkannt wurde und dementsprechend Maßnahmen getroffen werden, um diese Gefahr einzudämmen.[115] Im FTS-Richtlinienentwurf wurde eine Verknüpfung zu den entsprechenden Richtlinien hergestellt (insbesondere zur Richtlinie 2004/39/EG), die klare und eindeutige

---

[114] Vgl. Kapitel 3.2.; vgl. hierzu und im Folgenden EUROPÄISCHE KOMMISSION (2012), Technical Fiche - Relocation, Substitution and other Market Reactions, S. 5.
[115] Vgl. EUROPÄISCHE KOMMISSION, KOM(2011) 594, S. 7-9.

Begriffsbestimmungen für die zu besteuernden Finanzinstrumente vorsehen.[116] Damit wird die Anwendung der Steuer voraussichtlich erleichtert und die Steuerumgehung eingedämmt, weil es kaum Unklarheiten bei der Frage geben sollte, ob ein Finanzprodukt der Steuer unterliegt oder nicht.

Es bleibt die Frage, ob die Steuer durch territoriale Ausweichung vermieden werden kann. Darunter versteht man bei der FTS die Steuerumgehung durch Verlagerung der Ansässigkeit bzw. durch Abwanderung von Finanztransaktionen an ausländische Finanzplätze, die nicht von der FTS betroffen sind. Um einen Überblick zu gewinnen, werden zunächst zwei Beispiele von Staaten vorgestellt, die sehr unterschiedliche Erfahrungen mit der Einführung einer FTS gemacht haben. Danach wird die von der EU-Kommission vorgeschlagene FTS auf ihre territorialen Ausweichmöglichkeiten hin untersucht.

Vor dem Hintergrund eines stark wachsenden Finanzsektors und übermäßig steigender Gehälter in der Finanzbranche führte Schweden im Jahre 1984 eine FTS ein.[117] Der FTS unterlagen zunächst nur Wertpapiertransaktionen mit Aktien und Aktienoptionen, die unter Zuhilfenahme von schwedischen Brokern durchgeführt wurden. Der Anknüpfungspunkt der Besteuerung einzig an die Nutzung schwedischer Broker und der sehr enge Anwendungsbereich werden als entscheidende Schwächen der FTS-Implementierung angesehen. Die Steuer ließ damit einfache und günstige Steuervermeidungsmöglichkeiten zu, da die FTS-Pflicht durch Ausweichung auf ausländische Broker oder Finanzplätze vermieden werden konnte. Nach der Verdopplung des Steuersatzes auf 1 % im Jahre 1986 verlagerte sich 30 % des gesamten schwedischen Aktienhandels ins Ausland, bis 1990 verlagerte sich allein 50 % des schwedischen Handels nach London. Nachdem der Anwendungsbereich der FTS im Jahre 1989 auf festverzinsliche Wertpapiere ausgeweitet wurde, reduzierte sich der Handel mit diesen Wertpapieren um 85 % allein in der ersten Woche, obwohl die Steuersätze im niedrigen Promillebereich lagen. Das Steueraufkommen betrug mit 50 Mio. Schwedischen Kronen pro Jahr nur rund 3 % der erwarteten Summe und wurde durch den Rückgang in der Kapitalertrag-

---

[116] Vgl. Art. 2 FTS-Richtlinienvorschlag.
[117] Vgl. hierzu und im Folgenden HEMMELGARN, IFSt 2011, S. 55 f.

steuer fast vollständig wieder ausgeglichen. Aufgrund der katastrophalen Auswirkungen wurde die FTS im Jahre 1991 wieder abgeschafft. Das Beispiel Schweden dient für Gegner einer FTS daher als Abschreckungsbeispiel.

Die sogenannte Stempelabgabe (Stamp Duty) in Großbritannien wird dagegen als gelungenes Beispiel für die Implementierung einer FTS in einem Land mit bedeutendem Finanzsektor angesehen. Die britische Stempelabgabe besteuert Transaktionen mit Aktien von in Großbritannien registrierten Unternehmen.[118] Trotz des kleinen sachlichen Anwendungsbereichs und der Ausnahme von Transaktionen zwischen professionellen Händlern, generierte die Stempelabgabe beträchtliche Steuereinnahmen in Höhe von 3,7 bis 7,4 Mrd. Euro pro Jahr in der vergangenen Dekade und damit durchschnittlich 0,7 % des gesamten Steueraufkommens. Das Handelsvolumen der besteuerten Aktien stieg seit Einführung der Steuer bis zum Jahre 2001 kontinuierlich an und unterlag seitdem aufgrund wechselnder Krisen- und Boomzeiten Schwankungen. Die Steuer führte also nicht zu einem Rückgang des Handels, stattdessen nahm er zu. Dass die Stempelabgabe so gut funktioniert, wird insbesondere dem Ausgabeprinzip zugeschrieben, auf dem sie fußt. Die Steuer knüpft ihre Steuerpflicht an den Kauf/Verkauf britischer Aktien. Die Besonderheit ist, dass der Aktienübergang ohne Zahlung der Steuer nicht rechtskräftig ist, sondern erst mit Zahlung der Steuer sozusagen der „Stempel" gesetzt wird, sodass der neue Eigentümer ins Aktienregister eingetragen wird. Durch die Verbindung der Steuerzahlung mit der Gewährung von Rechtssicherheit wird die Stempelabgabe als relativ resistent gegen Steuerumgehungen angesehen. Die Steuerpflicht gilt dabei weltweit für alle Endabnehmer, die die Anteile britischer Unternehmen kaufen bzw. verkaufen wollen.

Diese Beispiele zeigen, wie entscheidend die Wahl des Anknüpfungspunktes für die erfolgreiche Funktionsweise einer Steuer ist. Der Richtlinienentwurf der EU-Kommission sieht vor, dass die FTS auf dem Ansässigkeitsprinzip fußt. Das hat den Vorteil, dass die Steuerpflicht mit der Ansässigkeit der Finanzinstitute an einen möglichst immobilen Anknüpfungspunkt gebunden ist.[119] Die Zielsetzung

---

[118] Vgl. hierzu und im Folgenden HEMMELGARN, IFSt 2011, S. 52 f.
[119] Vgl. hierzu und im Folgenden VOGEL, IStR 2012, S. 15 f.

besteht darin, das Risiko der Steuerumgehung durch Verlagerung von Transaktionen in Gebiete außerhalb der EU so gering wie möglich zu halten.[120]

Die vorgeschlagene FTS besteuert Transaktionen mit Beteiligung von Finanzinstituten, die als in der EU ansässig gelten. Zum einen gilt ein Finanzinstitut als ansässig, wenn es tatsächlich mit einem Mitgliedstaat lokal verbunden ist, das heißt seinen Sitz, seine feste Anschrift oder eine Zweigstelle in einem Mitgliedstaat hat oder es von einem Mitgliedstaat autorisiert ist, dort als Finanzinstitut zu handeln.[121] Zum anderen gilt ein Finanzinstitut fiktiv als ansässig, wenn es Gegenpartei eines Finanzinstitutes oder einer anderen Partei ist, die nach den eben genannten Bedingungen in der EU ansässig sind. Das bedeutet, dass sich die Besteuerung auch auf Finanzinstitute aus dem Drittland erstreckt, wenn diese mit Finanzinstituten oder anderen Parteien aus der EU handeln. Es ist daher nicht bedeutsam, wo die Transaktion durchgeführt wird, sondern wer die Handelspartner sind bzw. wo sie ansässig sind. Da die meisten Finanzinstitute, die in der EU handeln möchten, eine Genehmigung benötigen, werden sie aufgrund dessen als ansässig gelten.

Sofern ein in der EU ansässiges Finanzinstitut an einer Transaktion beteiligt ist, unterliegt diese vollständig der FTS. Für EU-Finanzinstitute besteht die einzige Möglichkeit der Steuerumgehung deshalb darin, ihren Sitz vollständig in das Drittland zu verlegen oder dort eine Tochtergesellschaft zu gründen, um nicht mehr als in der EU ansässig zu gelten. In beiden Fällen müssten sie darüber hinaus ihre europäische Kundenbasis vollständig aufgeben und Transaktionen mit Finanzinstituten und anderen Parteien, die in der EU ansässig sind, vermeiden.[122] Es ist daher unwahrscheinlich, dass Finanzinstitute von der Möglichkeit der Verlagerung Gebrauch machen. Das ist auch deshalb nicht zu erwarten, weil die Konzentration von Handelsaktivitäten an internationalen Finanzplätzen wie London und Frankfurt positive Netzwerkexternalitäten mit sich bringen, die erheblich höher einzuschätzen sind als in den meisten Drittstaaten.[123] Vor diesem Hintergrund

---

[120] Vgl. hierzu und im Folgenden EUROPÄISCHE KOMMISSION, Technical Fiche - The „Residence Principle" and the Territoriality of the Tax, S. 1.
[121] Vgl. hierzu und im Folgenden Kapitel 2.2.
[122] Vgl. hierzu und im Folgenden EUROPÄISCHE KOMMISSION, Technical Fiche - Relocation, Substitution and other Market Reactions, S. 1 f.
[123] Vgl. hierzu und im Folgenden VOGEL, IStR 2012, S. 16.

dürfte auch die Tatsache eine Rolle spielen, dass die Transaktionskosten in als Steueroasen bekannten Staaten wie den Cayman Islands um ein Vielfaches höher sind als in Europa und daher keinen Vorteil für Finanzinstitute bieten würden, die ihren Sitz dorthin verlagern.[124]

Die Möglichkeiten von Privatanlegern zur legalen Steuerumgehung sind sehr begrenzt. Der Richtlinienvorschlag zur FTS sieht vor, dass Finanztransaktionen der Steuer unterliegen, wenn zumindest eine in der EU ansässige Partei und ein in der EU ansässiges Finanzinstitut beteiligt sind. Privatanleger und Unternehmen aus der EU können die Steuer durch die Inanspruchnahme nichteuropäischer Finanzinstitute nicht umgehen, weil diese Finanzinstitute dann fiktiv als in der EU ansässig gelten, da sie mit einer im Hoheitsgebiet der EU ansässigen Partei handeln. Sollte das nichteuropäische Institut darüber hinaus aufgrund des Geschäfts mit europäischen Kunden in einem EU-Mitgliedstaat eine Erlaubnis zum Betreiben von Bankgeschäften benötigen und eine Banklizenz erhalten, würde es ebenfalls als in der EU ansässig gelten.[125] Dann wäre sogar jede Transaktion dieses Instituts steuerpflichtig. Aus diesem Grund wird die Vermeidung der FTS für Privatanleger und Unternehmen durch die Nutzung nichteuropäischer Finanzinstitute nicht möglich sein. Für nichteuropäische Banken ergeben sich im Geschäft mit europäischen Kunden daher wohl keine Wettbewerbsvorteile gegenüber EU-Instituten. Für Privatanleger bleibt als legale Ausweichmöglichkeit die Verlagerung des Wohnorts in das Drittland, wobei dann wiederum nur mit nichteuropäischen Finanzinstituten gehandelt werden darf, wenn die FTS vermieden werden soll.

Da der Handel mit Nicht-Finanzinstituten nicht der Steuer unterliegt, könnten sich vor allem für Unternehmen in dieser Hinsicht neue Geschäftsmodelle ergeben, bei denen Finanzinstrumente ohne Beteiligung von Finanzinstituten gekauft und verkauft werden. Zum Beispiel könnten Unternehmen direkt mit anderen Unternehmen über alternative Plattformen Finanzinstrumente handeln und damit die FTS umgehen. Der Trend könnte auf Unternehmensebene also zum Direkthandel mit anderen Unternehmen führen. Allerdings ist darauf zu achten, dass die Unterneh-

---

[124] Vgl. CORTEZ/VOGEL, ECTR 2011, S. 22.
[125] In Deutschland bedarf es zum Betreiben von Bankgeschäften einer Genehmigung, die durch die Bankenaufsicht erteilt wird; die zugrundeliegende Rechtsnorm ist das Kreditwesengesetz (KWG).

men selbst als Finanzinstitut im Sinne des Richtlinienvorschlags angesehen werden, wenn der Wert und Umfang ihrer getätigten Finanztransaktionen einen wesentlichen Teil ihrer Gesamttätigkeit ausmacht.[126] Dann wäre auch der Handel mit anderen Unternehmen vollständig steuerpflichtig.

Das EU-Parlament hat zusätzlich zum FTS-Richtlinienentwurf vorgeschlagen, das Ansässigkeitsprinzip um das Ausgabeprinzip und das Eigentümerprinzip zu ergänzen.[127] Das Ausgabeprinzip würde den Geltungsbereich der FTS weiter ausdehnen. Damit wären auch Finanzinstitute außerhalb der EU dazu gezwungen, FTS zu entrichten, wenn sie mit Finanzinstrumenten handeln, die ursprünglich innerhalb der EU ausgegeben wurden. Der Einzug und die Abführung der FTS soll dann über Clearinghäuser außerhalb der EU abgewickelt werden. Das sind Dienstleistungsunternehmen, die für das Clearing, die Aufbewahrung und das Settlement von Wertpapieren zuständig sind und von denen zu erwarten ist, dass sie die Steuern zuverlässig an die europäischen Mitgliedstaaten abführen. Lassen sich Ansässigkeits- und Ausgabeprinzip gleichzeitig anwenden, soll nach Ersterem besteuert werden.[128]

Wie bei der britischen Stempelsteuer soll durch das Eigentümerprinzip die rechtliche Übertragung der Eigentümerrechte an die Entrichtung der Steuer gebunden werden. Bei Nichtzahlung der Steuer wäre der Übergang der Wertpapiere nicht rechtskräftig und die Eigentümerrechte entsprechend nicht abgesichert, was auch zur Verhinderung illegaler Steuerumgehung beitragen würde. Die Kombination des Ansässigkeits-, Ausgabe- und Eigentümerprinzip würde die Möglichkeiten zur Steuervermeidung noch weiter verringern und noch unattraktiver machen. Durch das Ausgabeprinzip wären nämlich auch nicht in der EU ansässige Finanzinstitute von der FTS betroffen, wenn sie in der EU ausgegebene Finanzinstrumente handeln, selbst wenn die Gegenpartei nicht in der EU ansässig ist.

---

[126] Vgl. Art. 2 Abs. 1 Nr. 7 lit. j FTS-Richtlinienvorschlag.
[127] Vgl. Kapitel 2.2.
[128] Vgl. EUROPÄISCHES PARLAMENT (2012), Bericht über den Vorschlag für eine Richtlinie des Rates über das gemeinsame Finanztransaktionssteuersystem.

Die Möglichkeiten illegaler Steuerumgehung für Finanzinstitute dürften sich ebenso in Grenzen halten wie die legalen. Sollten Finanzinstitute Steuerhinterziehung betreiben und dabei entdeckt werden, hätte dies neben Strafzahlungen und eventuellen Freiheitsstrafen auch einen enormen Reputationsverlust zufolge, der insbesondere für Banken und Versicherungen zu größten Problemen führen könnte. Die Verlagerung von Handelsgeschäften in Steueroasen dürfte für die Finanzinstitute aufgrund der oben erwähnten hohen Transaktionskosten unattraktiv sein. Der Großteil des Handels mit Wertpapieren und Derivaten wird elektronisch durchgeführt, sodass die FTS automatisch abgeführt werden könnte. Die Finanzinstitute müssen in der EU bestimmte Informationspflichten erfüllen und nach dem Richtlinienentwurf monatliche FTS-Erklärungen abgeben. Illegale Steuerumgehungen sollten daher relativ leicht aufzudecken sein, insbesondere wenn die Geschäfte über Börsen abgewickelt werden. Im OTC-Handel wäre es dagegen schwieriger, illegale Steuerumgehungen aufzudecken.[129] Im Richtlinienentwurf ist vorgesehen, dass die Mitgliedstaaten Verpflichtungen festlegen sollen, mit denen sichergestellt wird, dass die geschuldete FTS entrichtet wird. Dazu sollen sie geeignete Maßnahmen ergreifen, um Steuerhinterziehung, Steuerumgehung und Missbrauch zu verhindern. Die Durchsetzung der Steuerentrichtung liegt also in der Verantwortung der einzelnen Mitgliedstaaten.

Während die Möglichkeiten der Finanzinstitute zur illegalen Steuervermeidung relativ gering und unattraktiv sind, könnten sich für Privatanleger und Unternehmen einige Optionen ergeben. Eine Voraussetzung dafür ist, dass sie nicht als in der EU ansässige Transaktionspartei erkannt werden. In den USA wurde die Erfahrung gemacht, dass US-amerikanische Unternehmen und Privatleute Briefkastenfirmen in Steueroasen wie den Cayman Islands oder den Bermudas gründen und diese dazu nutzen, um Einkommensteuer zu hinterziehen.[130] Es kann sich auf diesem Wege auch für europäische Privatleute und Unternehmen die Möglichkeit zur Hinterziehung von FTS ergeben. Die Gründung von Scheinunternehmen in Steueroasen ist relativ einfach und kostengünstig. Als nichteuropäisches Unternehmen wäre der Handel mit Finanzinstrumenten mit nicht in der EU ansässigen Finanzinstituten dann steuerfrei, wenn das Ausgabeprinzip nicht zur Anwendung

---

[129] Vgl. hierzu und im Folgenden VOGEL, IStR 2012, S. 16.
[130] Vgl. hierzu und im Folgenden HANLON/MAYDEW/THORNOCK (2011), Taking the Long Way Home: Offshore Investments in U.S. Equity and Debt Markets and U.S. Tax Evasion, S. 7 f.

kommt. Außerdem kann auch mit EU-Instituten steuerfrei gehandelt werden, wenn keine weitere in der EU ansässige Partei an der Transaktion beteiligt ist. Der Nachteil dieser Steuervermeidungsstrategie ist aber, dass die Transaktionskosten in solchen Steueroasen häufig sehr viel höher sind als in der EU. Die Vermeidung der FTS würde sich auf diese Weise also gar nicht lohnen, weil die zusätzliche Belastung durch höhere Transaktionskosten den Einspareffekt der FTS bei weitem übertrifft. In Anbetracht dessen ergeben sich zwar illegale Umgehungsmöglichkeiten für europäische Unternehmen und Privatleute, die vorgestellte Möglichkeit über Steueroasen bietet aber keine finanziellen Vorteile für Steuerhinterzieher.

Im Ergebnis lässt sich das Besteuerungskonzept der vorgeschlagenen FTS legal nur schwer umgehen. Die Möglichkeiten der territorialen Verlagerung werden durch die entsprechenden Regelungen im Richtlinienentwurf erheblich erschwert und erscheinen wenig attraktiv. Durch die zusätzliche Anwendung des Ausgabe- und Eigentümerprinzips würde die Umgehung der Steuer weiter erschwert. Die Ausweichreaktionen der Finanzinstitute und der betroffenen Unternehmen dürften also gering ausfallen. Da der sachliche Anwendungsbereich sehr umfassend ist, gibt es auch auf Produktebene nur wenige Möglichkeiten, steuerpflichtige Finanzinstrumente durch steuerfreie Produkte zu substituieren.

Um die Möglichkeiten zur Steuervermeidung noch stärker einzudämmen, sollte ein möglichst umfassendes territoriales Anwendungsgebiet gewählt werden.[131] Die FTS funktioniert besser und bietet weniger Ausweichmöglichkeiten, wenn sie in der gesamten EU implementiert wird als wenn sie in kleineren Gebieten wie der Eurozone oder in einzelnen Nationalstaaten zur Anwendung kommt.

4.4 FAZIT

Die betriebswirtschaftlichen Auswirkungen der FTS für Unternehmen betreffen auf der einen Seite den Handel mit Finanzinstrumenten und die Geschäfte mit Derivaten und auf der anderen Seite die Finanzierung mit Eigen- und Fremdkapital. Die FTS führt dabei nicht nur zur Verminderung der Handelsvolumina, son-

---

[131] Vgl. hierzu und im Folgenden VOGEL, IStR 2012, S. 15.

dern löst auch Verhaltensänderungen der betroffenen Unternehmen und Finanzinstitute aus: Die langfristigere Ausgestaltung des Finanzvermögens und die damit prognostizierte Verminderung des Spekulationshandels ist grundsätzlich zu begrüßen, weil damit die Stabilität im Finanzsystem erhöht werden könnte, was sich auch auf die Realwirtschaft positiv auswirken würde. Dasselbe gilt für Geschäfte mit Derivaten, deren Volumen sich voraussichtlich stark vermindern wird und die sich vermutlich wieder stärker auf die Absicherung von Risiken beziehen werden und weniger auf reine Spekulation. Die Steuer hat negative Auswirkungen auf die Unternehmensfinanzierung, da sie die Finanzierung mit Aktien und Anleihen verteuert. Die steuerbefreite Kreditfinanzierung wird daher an Attraktivität gewinnen und gegebenenfalls als negative Nebenwirkung die Verschuldungsquoten der Unternehmen erhöhen.

Da zumindest eine Teilüberwälzung der FTS wahrscheinlich ist, könnten sich auch die Kosten für Privathaushalte und Unternehmen erhöhen, die Dienstleistungen von Finanzinstituten nutzen. Daneben könnten die Privathaushalte vor allem über die Inanspruchnahme privater Pensionsfonds von der Steuer betroffen sein. Die Steuer belastet vor allem Pensionsfonds mit aktiven Strategien, während langfristig ausgestaltete Fonds geringe Steuerbeträge zahlen müssten. Da der Großteil der Transaktionen zwischen Finanzinstituten stattfindet, kann die Steuer nur indirekt über teurere Dienstleistungen bzw. höhere Zinsen an die Realwirtschaft und die Bürger weitergegeben werden. Wie groß die Steuerinzidenz tatsächlich sein wird, wird sich erst nach Realisierung der FTS zeigen.

Die von der EU-Kommission vorgeschlagene FTS bietet im Hinblick auf die Steuervermeidung weit weniger Spielräume und Möglichkeiten als gemeinhin von einer FTS angenommen werden. Dabei erweist sich das Ansässigkeitsprinzip als richtige Wahl. Da die Ansässigkeit der Finanzinstitute ein relativ immobiler Anknüpfungspunkt ist, sind territoriale Verlagerungen kaum zu erwarten. Der Anwendungsbereich ist sehr umfassend, sodass die Verlagerung nur Nutzen bringen würde, wenn man den gesamten europäischen Markt aufgibt. Auch auf Produktebene bestehen nur wenige Ausnahmen, sodass sich die Substitution von besteuerten Finanzinstrumenten durch steuerfreie Produkte in Grenzen halten dürfte. Sollte das Ansässigkeitsprinzip noch um das Ausgabe- und Eigentümerprinzip ergänzt werden, würden die Möglichkeiten der Steuerumgehung und die Attraktivität der Verlagerung noch weiter sinken.

Im Ergebnis bleibt die Erkenntnis, dass die EU-Kommission bei der Ausgestaltung des Richtlinienvorschlags auf einen weiten sachlichen und persönlichen Anwendungsbereich geachtet hat, was für die effiziente und effektive Funktion einer solchen Steuer enorm wichtig ist. In der Literatur zu dieser FTS wurden kaum Verbesserungsvorschläge geäußert, wie es sonst bei der Diskussion um Steuerentwürfe üblich ist. Stattdessen konzentriert sich die Diskussion eher auf das allgemeine Für und Wider einer Steuer auf Finanztransaktionen. Die Ergebnisse dieser Arbeit zeigen, dass es genügend Gründe gibt, die FTS zu befürworten. Sie bringt zwar auch negative Auswirkungen mit sich, wird aber in vielerlei Hinsicht ihrem Ziel gerecht, den Finanzsektor an den Krisenkosten zu beteiligen, das Verhalten an den Finanzmärkten positiv zu verändern und ein beträchtliches Steueraufkommen zu erzielen. Sie ist aber definitiv kein Ersatz für eine effektive Regulierung des Finanzsektors durch die Politik und die Aufsichtsbehörden. Die Realisierung des Vorschlags würde die weitumfassendste FTS in der Geschichte hervorbringen.

Es bleibt abzuwarten, ob die neun willigen Mitgliedstaaten bereits schon Ende des Jahres übereinkommen, die FTS ab 2014 einzuführen.[132] Eine erfolgreiche Implementierung könnte die zukünftige Entwicklung dahingehend beeinflussen, dass noch weitere Mitgliedstaaten die FTS einführen und das Anwendungsgebiet der Steuer entsprechend vergrößert wird. Das Ziel sollte eine FTS auf EU-Ebene sein, im Anschluss wäre eine Ausweitung auf internationales Terrain denkbar.

---

[132] Vgl. Kapitel 2.4.

5. THESENFÖRMIGE ZUSAMMENFASSUNG

- Die von der EU-Kommission vorgeschlagene FTS zielt in erster Linie darauf ab, den Finanzsektor angemessen an den Kosten der Krisenbewältigung zu beteiligen sowie unerwünschte Spekulation und hochriskante Handelsgeschäfte einzudämmen, um die Stabilität des Finanzsystems zu erhöhen

- Die FTS fußt auf dem Ansässigkeitsprinzip und zeichnet sich durch einen weiten sachlichen und persönlichen Anwendungsbereich aus, der nahezu alle Finanztransaktionen und Finanzinstitute umfasst

- Das Steueraufkommen durch die FTS wird bei einer EU-weiten Implementierung auf etwa 57 Mrd. Euro jährlich geschätzt; die Steuer hätte einen relativ geringen negativen Einfluss auf das BIP der EU, bei entsprechender Verwendung der Steuereinnahmen wären sogar positive Effekte auf das BIP zu erwarten

- Aktuell ist die Realisierung der FTS auf EU-Ebene unwahrscheinlich, stattdessen wird die Einführung der Steuer in mindestens neun willigen Mitgliedstaaten angestrebt

- Die FTS ist dazu in der Lage, erhebliches Steueraufkommen zu erzielen und den Finanzsektor angemessen an den Krisenkosten zu beteiligen; strittig ist, ob die steuerliche Belastung der gesamten Finanzbranche über eine FTS auch über die Gegenwart hinaus gerechtfertigt werden kann

- Es ist zu erwarten, dass die FTS unerwünschte Spekulation und den Hochfrequenzhandel eindämmt und damit einen Beitrag zur Stabilität und Effizienz im Finanzsystem leistet; sie belastet aber auch alle anderen Finanztransaktionen unabhängig von dem damit verbundenen systematischen Risiko und kann daher auch zu negativen Lenkungswirkungen führen

- Strittig ist, ob der Finanzsektor aufgrund seiner besonderen Stellung in der Wirtschaft in der Lage ist, ökonomische Reingewinne zu erzielen, die eine zusätzliche Besteuerung rechtfertigen; die FTS wäre jedenfalls nicht das optimale Instrument zu Besteuerung der Überrenditen

- Auch auf die Frage, ob die Umsatzsteuerbefreiung steuerliche Vorteile für den Finanzsektor bringt, kann nicht eindeutig beantwortet werden - die meisten Studien bestätigen dies jedoch

- Die FTS belastet den kurzfristigen Handel stärker als den langfristigen und wird dementsprechend Verhaltensänderungen auslösen, da Unternehmen bestrebt sein werden, die Steuerbelastung gering zu halten; folglich kann es zu längeren Haltedauern und zur Eindämmung von Geschäftsmodellen kommen, die auf dem kurzfristigen, spekulativen Handel basieren
- Die Steuer führt darüber hinaus zu sinkenden Aktien- bzw. Anleihepreisen bzw. höheren Kapitalkosten und belastet dadurch die Unternehmensfinanzierung, außerdem könnten sich die Finanzierungskosten von Staaten erhöhen
- Wenn Finanzinstitute die Möglichkeit haben, die Steuer zu überwälzen, könnten auch Realwirtschaft und Bürger über höhere Zinskosten oder teurer Finanzdienstleistungen belastet werden, auch wenn sie keine Finanztransaktionen tätigen - dies hängt von den Elastizitäten der gehandelten Produkte und der Märkte ab; die Teilüberwälzung der Steuer erscheint realistisch, jedoch können aufgrund fehlender Erfahrung keine genaueren Aussagen getroffen werden
- Da auch private Pensionsfonds von der Steuer betroffen wären, könnte die FTS sich negativ auf die Altersvorsorge der Sparer auswirken; während langfristig orientierte Fonds nur sehr geringe Steuerbelastungen hätten, wären Fonds mit kurzfristigen Strategien stärker betroffen und der zu erwartende Endwert der Sparer entsprechend niedriger
- Die Anknüpfung der Besteuerung an die Ansässigkeit der Finanzinstitute und der weite Anwendungsbereich der Steuer begrenzen die Möglichkeiten der Steuervermeidung erheblich
- Es ist nicht zu erwarten, dass wesentliche Verlagerungsaktivitäten der Finanzinstitute stattfinden; auch die Ausweichreaktionen auf Produktebene dürften sich aufgrund der geringen Substitutionsmöglichkeiten in Grenzen halten, stattdessen wird der Handel mit besteuerten Produkten voraussichtlich wesentlich reduziert

Literaturverzeichnis

Allgemeine Literatur

- BANK FÜR INTERNATIONALEN ZAHLUNGSAUSGLEICH (2010): 80. Jahresbericht 1. April 2009–31. März 2010 v. 28.06.2010

- BANK FÜR INTERNATIONALEN ZAHLUNGSAUSGLEICH (2010): Triennial-Central Bank Survey - Report on global foreign exchange market activity in 2010, Dezember 2010

- BOND, STEVE/HAWKINS, MIKE/KLEMM, ALEXANDER (IFS 2004): Stamp Duty on Shares and its Effect on Share Prices, IFS Working Paper No. 04/11, Juni 2004

- CORTEZ, BENJAMIN SERAFIN/VOGEL, THORSTEN (ECTR 2011): A Financial Transaction Tax for Europe?, EC Tax Review, Vol. 1, 2011 S. 16-29

- DE LA FERIA, RITA/LOCKWOOD, BEN (2010): Opting for Opting In? An Evaluation of the European Commission's Proposals for Reforming VAT on Financial Services, 2010

- DIW BERLIN (2012): Finanztransaktionssteuer: Ökonomische und fiskalische Effekte der Einführung einer Finanztransaktionssteuer für Deutschland, Politikberatung kompakt 64

- EUROPÄISCHE KOMMISSION, KOM(2010) 549 v. 07.10.2010: Mitteilung der Kommission an das Europäische Parlament, den Rat, den Europäischen Wirtschafts- und Sozialausschuss und den Ausschuss der Regionen, Besteuerung des Finanzsektors

- EUROPÄISCHE KOMMISSION, KOM(2010) 700 v. 19.10.2010: Mitteilung der Kommission an das Europäische Parlament, den Rat, den Europäischen Wirtschafts- und Sozialausschuss und den Ausschuss der Regionen, Überprüfung des EU-Haushalts

- EUROPÄISCHE KOMMISSION, KOM(2011) 510 v. 29.06.2011: Vorschlag für Beschluss des Rates über das Eigenmittelsystem der Europäischen Union

- EUROPÄISCHE KOMMISSION, KOM(2011) 549 v. 28.09.2011: Vorschlag für eine Richtlinie des Rates über das gemeinsame Finanztransaktionssteuersystem und zur Änderung der Richtlinie 2008/7/EG

- EUROPÄISCHE KOMMISSION (2012), Pressemitteilung - 3178th Council meeting Economic and Financial Affairs v. 22.06.2012

- EUROPÄISCHE KOMMISSION, SEC(2010) 1462 v. 01.12.2010: Facts and figures on State aid in the Member States - Accompanying the Report from the Commission State Aid Scoreboard

- EUROPÄISCHE KOMMISSION, SEC(2011) 1102 v. 28.09.2011: Commission Staff Working Paper – Impact Assessment, Vol. 1-19

- EUROPÄISCHE KOMMISSION, SEC(2011) 1103 v. 28.09.2011: Commission Staff Working Paper - Executive Summary of the Impact Assessment

- EUROPÄISCHE KOMMISSION (2012), Technical Fiche - Macroeconomic Impacts v. 04.05.2012

- EUROPÄISCHE KOMMISSION (2012), Technical Fiche - Pension funds in the context of the FTT proposal v. 04.05.2012

- EUROPÄISCHE KOMMISSION (2012), Technical Fiche - Relocation, Substitution and other Market Reactions v. 04.05.2012

- EUROPÄISCHE KOMMISSION (2012), Technical Fiche - Revenue Estimations v. 04.05.2012

- EUROPÄISCHE KOMMISSION (2012), Technical Fiche - Tax Contribution of the Financial Sector v. 04.05.2012

- EUROPÄISCHE KOMMISSION (2012), Technical Fiche - The „Residence Principle" and the Territoriality of the Tax v. 04.05.2012

- EUROPÄISCHES PARLAMENT (2012): Bericht über den Vorschlag für eine Richtlinie des Rates über das gemeinsame Finanztransaktionssteuersystem und zur Änderung der Richtlinie 2008/7/EG, COM(2011)0594 – C7-0355/2011 – 2011/0261(CNS) v. 03.05.2012

- FEDERATION OF EUROPEAN SECURITIES EXCHANGES (2008): Share Ownership Structure in Europe, Dezember 2008

- HANLON, MICHELLE/MAYDEW, EDWARD L./THORNOCK, JACOB R. (2011): Taking the Long Way Home: Offshore Investments in U.S. Equity and Debt Markets and U.S. Tax Evasion v. 22.08.2011

- HEMMELGARN, THOMAS (IFSt 2011): Steuern und Abgaben im Finanzsektor: Abgabenrechtliche Regulierung und neue Finanzmarktsteuern in der Europäischen Union, IFSt Schrift Nr. 468

- HM TREASURY (2008): Tax ready reckoner and tax reliefs, November 2008

- HUIZINGA, HARRY (Economic Policy 2002): A European VAT on financial services?, Economic Policy 17(35) Oktober 2002, S. 497–534

- MATHESON, THORNTON (IMF 2011): Taxing Financial Transactions - Issues and Evidence, IMF Working Paper No. 11/54, März 2011

- OECD (2011): Pension Markets in Focus - Pension fund assets climb back to pre-crisis levels but full recovery still uncertain, Issue 8, Juli 2011

- OXERA (2007): Stamp Duty: Its impact and the benefits of its abolition, Mai 2007

- PHILIPPON, THOMAS/RESHEF, ARIELL (NBER 2009): Wages and Human Capital in the U.S. Financial Industry: 1909-2006, NBER Working Paper No. 14644, Januar 2009

- PRICEWATERHOUSECOOPERS (2012): Präsentation Financial Transactions Tax v. 24.04.2012

- PRICEWATERHOUSECOOPERS (2006): Study to Increase the Understanding of the Economic Effects of the VAT Exemption for Financial and Insurance Services - Final Report to the European Commission v. 02.11.2006

- PRICEWATERHOUSECOOPERS/LOCKWOOD, BEN (2011): How the EU VAT exemptions impact the Banking Sector v. 18.10.2011

- RIGSREVISIONEN (2007): Report to the Public Accounts Commitee on transparency of tax expenditures (tax exemptions, allowances, etc.), Oktober 2007

- SCHULMEISTER, STEPHAN (WIFO 2009): Eine generelle Finanztransaktionssteuer - Konzept, Begründung, Auswirkungen, WIFO Working Paper Nr. 352, Dezember 2009

- SCHULMEISTER, STEPHAN/SOKOLL, EVA (WIFO 2011): Implementation of a General Financial Transactions Tax, WIFO Working Paper No. 158, Juni 2011

- SCHWERT, G. WILLIAM/SEGUIN, PAUL J. (FAJ 1993): Securities Transaction Taxes – An Overview of Costs, Benefits and Unresolved Questions, Financial Analysts Journal, September-Oktober 1993, S. 27-35

- VOGEL, THORSTEN (IStR 1/2012): Der EU-Richtlinienvorschlag zur Einführung einer Finanztransaktionssteuer, IStR 1/2012, S. 12-17

Rechtsquellen

- MEHRWERTSTEUERSYSTEMRICHTLINIE, RICHTLINIE 2006/112/EG DES RA-
  TES v. 28.11.2006 über das gemeinsame Mehrwertsteuersystem (ABl. L
  347 v.11.12.2006, S. 1), zuletzt geändert am 25.06.2009 (ABl. L 175 v.
  4.7.2009, S. 12)

- UMSATZSTEUERGESETZ (UStG), in der Fassung vom 21.02.2005 (BGBl. I
  2005, S. 386), zuletzt geändert am 03.08.2010 (BGBl. I 2010, S. 1112)

- VERTRAG ÜBER DIE ARBEITSWEISE DER EUROPÄISCHEN UNION (AEUV), in
  der Fassung vom 01.12.2009 aufgrund des in Kraft getretenen Vertrages
  von Lissabon, konsolidierte Fassung bekanntgemacht im ABl. EG Nr. C
  115 vom 09.05.2008, S. 47

Internet

- BUNDESREGIERUNG (Finanzmärkte an den Kosten beteiligen 2012): Finanzmärkte an den Kosten beteiligen,
  http://www.bundesregierung.de/Content/DE/Artikel/2012/06/2012-06-27-
  finanztransaktionssteuer-kabinett.html, abgerufen am 03.09.2012

- EUROPÄISCHES PARLAMENT (Infografik - Finanztransaktionssteuer für Europa 2012): Aktuelles - Wirtschaftsausschuss stimmt für Finanztransaktionssteuer,
  http://www.europarl.europa.eu/news/de/headlines/content/20120316STO4
  1072/html/Wirtschaftsausschuss-stimmt-f%FCr-Finanztransaktionssteuer,
  abgerufen am 03.09.2012

- EUROPÄISCHES PARLAMENT (Parlament verabschiedet ehrgeizige Vorgaben für die FTS 2012): Aktuelles - Parlament verabschiedet ehrgeizige
  Vorgaben für die Finanztransaktionssteuer,
  http://www.europarl.europa.eu/news/de/pressroom/content/20120523IPR4
  5627/html/Parlament-verabschiedet-ehrgeizige-Vorgaben-für-die-
  Finanztransaktionssteuer, abgerufen am 03.09.2012

- FOCUS ONLINE (G20-Gipfel - Finanztransaktionssteuer wird nicht umgesetzt 2012): G20-Gipfel - Finanztransaktionssteuer wird nicht umgesetzt,

http://www.focus.de/politik/weitere-meldungen/g20-gipfel-finanztransaktionssteuer-wird-nicht-umgesetzt_aid_681015.html, abgerufen am: 03.09.2012

- SUEDDEUTSCHE.DE (Finanzmarktsteuer in der EU vorerst gescheitert 2012): Schuldenkrise in Europa - Finanzmarktsteuer in der EU gescheitert - vorerst, http://www.sueddeutsche.de/wirtschaft/schuldenkrise-in-europa-finanzmarktsteuer-in-der-eu-gescheitert-vorerst-1.1308125, abgerufen am: 03.09.2012

- WELT ONLINE (Union einigt sich mit Opposition auf Finanzsteuer 2012): Fiskalpakt - Union einigt sich mit Opposition auf Finanzsteuer, http://www.welt.de/politik/deutschland/article106433291/Union-einigt-sich-mit-Opposition-auf-Finanzsteuer.html, abgerufen am: 03.09.2012

- WSI (Verteilungsbericht - Lohneinkommen verlieren an Boden 2011): Verteilungsbericht in den WSI Mitteilungen - Lohneinkommen verlieren an Boden, http://www.boeckler.de/7033_38385.htm, abgerufen am 03.09.2012.

- ZEIT ONLINE (Schäuble will Finanztransaktionssteuer beschleunigen 2012): Finanzmarkt - Schäuble will Finanztransaktionssteuer beschleunigen, http://www.zeit.de/wirtschaft/2012-03/finanztransaktionssteuer-eu-minister-schaeuble, abgerufen am: 03.09.2012